高等学校教材

瑜　伽

姜桂萍　编著

高等教育出版社·北京

图书在版编目（CIP）数据

瑜伽/姜桂萍编著. —北京：高等教育出版社，2009.7
（2023.2 重印）
ISBN 978 - 7 - 04 - 018150 - 0

Ⅰ. 瑜… Ⅱ. 姜… Ⅲ. 瑜伽术-基本知识 Ⅳ. R214

中国版本图书馆 CIP 数据核字（2009）第 096607 号

策划编辑	傅雪林	责任编辑	傅雪林	封面设计	刘晓翔
版式设计	范晓红	责任校对	王效珍	责任印制	刘思涵

出版发行	高等教育出版社	网　　址	http://www.hep.edu.cn	
社　　址	北京市西城区德外大街 4 号		http://www.hep.com.cn	
邮政编码	100120	网上订购	http://www.landraco.com	
印　　刷	唐山市润丰印务有限公司		http://www.landraco.com.cn	
开　　本	787×960　1/16			
印　　张	8.75			
字　　数	150 000	版　　次	2009 年 7 月第 1 版	
购书热线	010 - 58581118	印　　次	2023 年 2 月第 12 次印刷	
咨询电话	400 - 810 - 0598	定　　价	19.50 元	

本书如有缺页、倒页、脱页等质量问题，请到所购图书销售部门联系调换
版权所有　侵权必究
物 料 号　18150-00

前　　言

　　本书是在吸取瑜伽运动精华的基础上，根据学校体育教学和大众健身的需求，结合作者十余年的瑜伽教学体会，遵循人体健康科学原理以及人体运动学习的规律编写而成。既可作为瑜伽课选修教材，也可作为瑜伽练习者的自学读物。

　　本书在理念上强调身体姿势、呼吸调理、意念引导三者合一，并重视将这一理念落实在切实可行的具体操作之中，将人体的"气"、"形"、"意"转化为一个个具体身体练习方式，通过呼吸、姿势、冥想(意念)三个环节，达到锻炼身体、延年益寿的目的。

　　全书分为四个部分。第一篇为瑜伽引导篇，本篇通过对瑜伽特点、教学方法及锻炼过程中的相关事宜的介绍，引导读者进入瑜伽练习。第二篇为瑜伽呼吸篇，本篇中将瑜伽呼吸的原理、方法、特点等尽量用通俗易懂的语言、生动形象的漫画来表现，以便于练习者的掌握，并运用到瑜伽身体练习之中。第三篇为瑜伽姿势篇，在本篇中将纷繁多样的瑜伽姿势进行科学归类，以方便读者的使用。本篇注重将姿势、呼吸、意念三者合一的理念落实到每一个具体的身体姿势练习之中，解决了目前瑜伽练习中经常出现的只关注身体姿势练习，不知道如何将呼吸配合和意念引导运用到每一个身体练习中的普遍问题。在每一种姿势练习中，不仅对典型动作进行了介绍，还对其简化练习和加大难度的练习方式都进行了介绍，从而适用于不同人群的锻炼需求。第四篇为瑜伽冥想篇，本篇介绍了冥想练习对缓解压力、释放紧张、焦虑情绪的作用。在介绍冥想练习时，结合实践总结了动态冥想练习的方法，使冥想练习变得丰富多样、切实可行。同时，将传统瑜伽中的七轮理论，力求运用人体科学原理来解释，并落实到每一轮穴的具体练习之中，使古老的瑜伽传统理论与现代科学相结合，具有科学指导价值。

　　在本书的编写过程中，田超、杨柳等为本书图片的拍摄给予了很大的帮助，杨红梅、华云娟等为本书插图的绘制和书稿编写给予了很多帮助，在此深表谢意。

　　由于作者水平有限，书中所存不足之处，恳请读者批评指正。

作　者
2009 年 6 月

目 录

第一篇　瑜伽引导篇

瑜伽是梵文(yoga)的音译,其含意为"和谐"。瑜伽是起源于古代印度,流行于现代的一种健身方式。古代瑜伽注重"灵魂"的修炼,现代瑜伽更注重身体的锻炼,它将人体的"气"、"形"、"意"转化一个个具体的身体练习方式,通过呼吸、姿势、冥想(意念)三个环节,达到锻炼身体,延年益寿的目的。

一、关于瑜伽

瑜伽的经典之处就是将呼吸、姿势、冥想(意念)三位一体,练习中强调三者之间的配合,将呼吸、冥想(意念)融入身体姿势的变化中。为了学习方便,将瑜伽分为呼吸、姿势和冥想(意念)三个部分。

(一) 呼吸

瑜伽呼吸不同于人体的正常呼吸。人体的正常呼吸是无意识的,呼吸频率快,呼吸表浅。而瑜伽呼吸是在意识控制下进行的,呼吸频率缓慢,呼吸深长。

(二) 姿势

人的一生中离不开站、坐、卧等基本身体姿势,它的正确与否始终将直接影响到人的健康。瑜伽姿势通过独特的前屈、后伸、侧屈、扭转等动作方式,改善人体的身体姿势,调节人体的机能状态。

(三) 冥想

冥想可解释为深沉地思索和想象。瑜伽中冥想练习是运用想象调节心身,缓解压力,获得内心平和的良好方法。瑜伽冥想练习要求练习者专注于自己身体、呼吸、意识等,通过自身感受,记住自己最理想的状态,从而体验心情平和、舒畅的感觉。

二、瑜伽教学法

在瑜伽教学中,常用的"教"法有:

（一）示范法

根据瑜伽的特点,在教学中应多采用整体示范法和多媒体示范法,使学生了解动作的整体结构。为在教学中要取得较好的教学效果,应注意以下几点:

（1）示范应突出重点:示范要有明确的目的,根据教学任务、教学步骤和学生的具体情况,安排示范的时间、速度、重点。例如,在新授教学时,通常要先做一次完整的、常速的示范,给学生建立完整的动作概念,建立正确的动作表象。而以掌握动作某一部分为目的时,可以做重点示范,并放慢示范动作速度。为了显示动作的关键或难点,还可以做分解的示范。

（2）示范的动作:要求正确、熟练、优美、合理,并具有感染力,这种最基本的要求是指示范动作要按照规格标准完成,力求准确、熟练、轻快、优美,给学生建立一个完美的动作形象。

（3）示范的位置和方向:为使每个学生都能够看清教师的示范动作,示范时应注意所占位置和示范方向。教学中可选择正面、侧面或斜面示范。示范时要根据学生人数的多少和根据具体动作的特点,选择示范的位置。例如,介绍完整动作时,教师可面向学生,采用镜面（正面）示范,学生既可以看清教师的示范,同时也便于教师观察学生的情况。再如,当带领学生共同完成练习时,教师可采用背面示范,以便学生在模仿中顺利完成所学动作。另外,对一些动作结构特别复杂的动作,教师还可以采用多面示范进行教学,并注意示范面的转换方式和时机。

（二）讲解法

讲解教学法是教学中运用语言的一种最主要、最普遍的形式。它是指教师用语言讲述动作名称、锻炼功效、练习方法、动作顺序、呼吸配合,意念引导、注意事项等,以指导练习者掌握瑜伽技能的方法。

（1）讲解要有针对性:针对所教授动作的特点及学习者情况,有的放矢地进行讲解。例如,在瑜伽姿势教学中,首先要讲解动作名称及渊源,完成动作的方法,练习时呼吸配合的要领。又如,当动作方法、呼吸配合均掌握之后,应讲解在完成动作过程中如何用意念引导动作,从而使学习者真正体会呼吸、姿势、意念融为一体的感觉。当发现普遍性问题时应集体讲解,个别问题个别辅导。

（2）讲解内容即科学又要符合学习者的实际:例如,在讲授瑜伽各轮穴的冥想与调理时,必须从人体科学的角度讲述各轮穴的功能,由浅入深,深入浅出的将较难理解的内容,简单、科学地传授给学习者。

（3）讲解应少而精,并正确使用术语:瑜伽的教学主要以身体练习为主,讲解时间不宜过长，要精讲多练，主要讲学习的重点、难点、关键。语言要精炼准确，表述要清楚。要以最短的时间，争取最好的讲解效果。

（4）讲解要形象、生动，富有启发性：例如，讲授瑜伽树式时，要让学习者想象树根扎入泥土的感觉，脚趾分开用力抓地，脚跟用力向下，腿部、躯干要像树干一样挺拔、坚固。

（5）要注意讲解的时机和效果：在瑜伽教学中，大部分时间是组织学习者进行练习，教师要针对具体情况，恰到好处地用简短的语言予以提示。

（6）提示语要柔和、缓慢：在瑜伽课堂上所采用音乐较为柔和、缓慢，练习过程中应采用轻柔、缓慢的语言进行提示。

（三）完整法

完整法是从动作开始到结束，不分部分和段落，完整进行教学的方法。

（1）在教简单的瑜伽动作或比较容易掌握的瑜伽动作时，可在教师的带领下完整地进行练习。

（2）在教比较复杂的瑜伽动作时，应突出重点，掌握动作的基础部分后，再关注动作的细节。在教学的开始要让学习者先注意粗略地掌握整个动作过程，而后逐步突出动作的主要环节，进而要求学习者注意动作的细节，以便准确地掌握动作。教师要明确动作的主要环节和细节，在学习者完整练习的过程中，适时提出要求。

（3）降低动作的难度，简化动作要求：在开始进行完整瑜伽教学时，可先降低动作要求，或采用相应的手段降低动作难度，如降低完成动作的速度、放慢动作的节奏、在口令下完成动作等。

（四）分解法

分解教学法是指把完整的动作合理地分成几个部分或几个段落，然后按部分逐次进行教学，直至最后比较完整地掌握动作的方法。

（1）动作分解要根据动作结构的特点，准确地分成几个部分，以不影响动作的结构和动作联系为前提，考虑学习者的水平和接受能力。

（2）要使学生明确动作各部分在完整动作中的位置、作用，及与其他各部分动作联系，为连接下一个动作做准备。

（3）运用分解法的时间不宜过长，应与完整法结合起来运用。避免分解的时间过长，形成分解的动力定型，从而破坏整个动作的连贯性，影响完整动作的掌握。

完整法与分解法在实际教学中是紧密配合的，运用分解法时，应积极创造条件使学生完整掌握动作，也可以对动作的某个环节进行分解教学。两种方法是分中有合，合中有分，成为完整－分解－完整的过程，并根据教材特点、学生情况、学习时间等因素合理运用。

三、制定锻炼计划的注意事项

制定瑜伽锻炼计划是进行瑜伽锻炼前的必要准备,只有制定好适合自身状况的瑜伽锻炼方案,才能使瑜伽锻炼具有实效性。

(一) 了解自己身体的状况

了解自身的健康状况、体力状况等。首选要判断自己是否患有疾病,如感冒、发烧、心脏病等,一般疾病的急性发病期不要参加锻炼,对于一些慢性疾病要向医生咨询是否可以进行瑜伽锻炼。对于体力状况较好的,可选择身体活动量较大的身体姿势练习,而对体力较差的,适宜选择呼吸和冥想练习,还可选择身体拉伸练习。总之,要了解自身的身体状况,并根据自身特点制定锻炼计划。

(二) 明确自己的锻炼目标

尽管参加瑜伽锻炼的人很多,但每个人的目的并非相同,要有明确的锻炼的目标,并根据目标制定有针对性的瑜伽锻炼计划。若对希望提高身体柔韧性的人来讲,宜选择瑜伽的拉伸性练习。若为了减肥塑身,宜选择一些强度较大的身体练习。若为了放松、缓解压力,宜选择呼吸、冥想练习及放松身体的瑜伽练习。而对于选择瑜伽作为一种健身方式的人来说,可以根据锻炼时间的长短,制定综合的锻炼计划。

(三) 确定自己锻炼的时间及场地

制定适合自己的瑜伽锻炼计划,制定明确的瑜伽锻炼时间表,其中包括每次锻炼时间、每周锻炼的次数。根据每次锻炼时间,选择练习内容。确定自己可用来锻炼的场所,决定锻炼的内容和动作类型。如只能在办公室进行锻炼,就只能选择瑜伽的站姿练习,或将瑜伽的坐姿练习,选择在椅子上完成。如果练习场地足够大,或在瑜伽教室中进行锻炼,就可以选择多种瑜伽练习方式进行锻炼。

(四) 确定瑜伽练习的内容和种类

首先要对瑜伽有一个较为清楚的了解,如练习瑜伽的基础是呼吸练习,而瑜伽的呼吸有基础的呼吸练习和较高技巧的调息练习,对于初学者或一般锻炼者来讲,选择基础呼吸较为适合。而基础呼吸又分静态呼吸和动态呼吸,静态呼吸是基础,动态呼吸是在身体练习中配合呼吸的方法。初学者应首先进行静态的呼吸练习,然后再逐渐与动作练习相结合。

其次,瑜伽的姿势练习不计其数,初学者往往不知如何进行选择。因此,通过对瑜伽姿势的科学归类将有利于锻炼内容的选择。瑜伽姿势练习多围绕脊柱进行,主要有脊柱前屈练习、后伸练习、侧屈练习、扭转练习。脊柱运动方式不同,锻炼功效则不同,如躯干前屈的瑜伽姿势可使人平静,有助于自省,能锻炼消化系统和生殖系统;躯干后伸的瑜伽姿势能使身体伸展,使人活跃且情绪高涨,可锻炼消化系统、呼吸系统和循环系统,平衡胸腺、肾上腺和甲状腺;躯干侧屈的瑜伽练习能使人活跃,使身体协调。躯干扭转的瑜伽练习能有效地锻炼腰部以上的脊柱,能够温柔地按摩腹部区域的内脏,并提供新鲜的血液滋养这些器官。脊椎扭曲能使中枢神经系统焕发活力,还可以使微妙的瑜伽轮穴系统充满活力。倒置姿势对人体有恢复作用,能使人心情愉悦,消除身心紧张,还可以平衡松果腺、垂体和甲状腺等。总之,进行瑜伽各种练习前,要清晰瑜伽锻炼的种类及锻炼功效,从而选择适合自己的锻炼瑜伽内容。

四、瑜伽锻炼计划范例

为了便于学习者更好地练习,使之成为自己终身锻炼的方法和手段,下面提供几例瑜伽锻炼计划供参考。

(一) 10 分钟瑜伽锻炼计划

对于工作繁忙的人士,每天抽出 10 分钟锻炼也是有益的。场地不限,办公室、室外均可。坐姿练习也可在椅子上进行。

(1) 呼吸练习(2 分钟):可采取站姿或坐姿进行呼吸练习。可选择腹式呼吸或完全式呼吸。

(2) 身体姿势练习(7 分钟):

① 身体伸展性练习,采用站姿或坐姿均可,手臂向上伸展,同时配合呼吸(参见第 22 页"手臂伸展式"和第 48 页"坐姿伸展式")。

② 颈部伸展性练习(参见第 8 页"头颈练习")。

③ 肩部旋转练习(参见第 10 页肩部旋转练习)。

(3) 放松练习(1 分钟)。

(二) 30 分钟瑜伽锻炼计划

(1) 呼吸练习(5 分钟):可采用坐姿进行瑜伽基础呼吸练习,可选择瑜伽腹式呼吸或完全式呼吸,也可以选择配合身体动作的呼吸练习。

(2) 身体姿势(20 分钟):

① 热身练习:身体伸展性练习(参见第 22 页"手臂伸展式"和第 48 页"坐姿伸展式")。颈、肩、踝等重点部位练习(参见第 8 页"头颈练习"、第 10 页"肩部旋转练习"和第 11 页"踝部练习")。

② 脊柱前屈练习:站姿可选择直角式(参见第 31 页),坐姿可选择单腿交换伸展式(参见第 56 页)

③ 脊柱侧屈练习:站姿可选择风吹树式(参见第 36 页),坐姿可选择坐位侧弯曲(参见第 61 页)

④ 脊柱伸展练习:站姿可选择站立后弓式(参见第 41 页),跪姿可选择猫伸展式(参见第 69 页)

⑤ 脊柱扭转练习:站姿可选择腰躯扭转式(参见第 43 页)坐姿可选择简化脊柱扭转式(参见第 64 页)

⑥ 倒置练习(或平衡练习):卧姿举腿练习或树式(参见第 81 页或第 99 页)。

(3) 放松练习(5 分钟)。

(三) 60 分钟瑜伽锻炼计划

(1) 呼吸练习(约 5 分钟):可采用坐姿进行瑜伽基础呼吸、腹式呼吸或完全式呼吸,也可以进行配有身体姿势的呼吸练习。

(2) 身体姿势练习(约 40 分钟):

① 热身练习(约 5 分钟):身体伸展性练习(参见第 22 和第 48 页),颈、肩、踝等重点部位练习(参见第 8~11 页)。

② 拜日式连续练习(约 5 分钟)(参见第 11 页)

③ 站姿瑜伽练习(约 8 分钟):

脊柱前屈练习:站姿可选择直角式或侧伸展加强式(参见第 31 页或第 34 页)

脊柱侧屈练习:站姿可选择单臂风吹树或三角伸展式(参见第 36 页或第 38 页)

脊柱伸展练习:站姿可选择站立后弓式(参见第 41 页)

脊柱扭转练习:站姿可选择腰躯扭转式(参见 43 页)

④ 平衡姿势练习(约 4 分钟):

树式(参见第 99 页)。

舞蹈式(参见第 100 页)

⑤ 坐姿瑜伽练习(约 6 分钟):

脊柱前屈练习:坐姿可选择单腿交换前屈式或束角式(参见第 56 页或第 54 页)。

脊柱侧屈练习:坐姿可选择体侧屈或门闩式(参见第 61 页或第 62 页)。

脊柱扭转练习:坐姿可选择简化脊柱扭转功或脊柱扭转式(参见第 64 页或第 67 页)。

⑥ 跪姿瑜伽练习（约 4 分钟）：可选择猫伸展式或狗伸展式（参见第 69 页或第 77 页）。

⑦ 卧姿瑜伽（约 6 分钟）：

脊柱屈练习：可选择上伸腿式或船式（参见第 81 页或第 84 页）。

脊柱伸练习：可选择眼镜蛇式或蝗虫式（参见第 90 页或第 92 页）。

脊柱扭转练习：可选择摇摆式或卧姿单腿扭转式（参见第 88 页或第 86 页）。

⑧ 倒置练习（4 分钟）：犁式的简化练习（参见第 109 页）。

（3）放松与冥想练习 15 分钟

五、瑜伽锻炼的要求

1. 服装要求

进行瑜伽练习时应穿宽松、柔软的纯棉运动服。一般不宜穿鞋锻炼，但在天气较冷时可穿袜子或软底鞋。

2. 场所要求

进行瑜伽锻炼时，应注意练习场所的选择，如在室内进行练习，应选择卫生、舒适、宽敞、明亮、空气流通性好的环境。若在家中练习，应注意远离家具等障碍物，为锻炼留有足够的伸展空间。若选择在自然环境中进行练习，应注意避免大风、寒冷、太阳直射、空气污染，要求地面平坦、光滑、坚硬适度。最好在垫子上进行练习，即可防滑又可缓解地面的硬度，总之安全第一。

3. 进食要求

瑜伽练习最好空腹进行，瑜伽锻炼最好在进食 3 个小时后进行。所以清晨、傍晚常被作为瑜伽锻炼的较好时间段。空腹状态尽管有利于瑜伽锻炼，也要注意防止由于血糖过低而产生眩晕。

4. 练习量的要求

要根据自身的柔韧程度，不要超出自己身体承受的限度而强行拉伸，以免造成身体的损伤。一般拉伸练习时，当感到身体稍有酸痛但还能忍受时可坚持一段时间，这样既可达到伸展的目的，又不易造成身体的伤害。对于一些肌肉力量要求较强的练习，也要根据自己的身体情况量力而行，循序渐进地增加练习的难度与强度，防止片面追求动作难度、身体软度而造成的身体伤害。

5. 热身的要求

热身是进行一切身体运动的开始,通过热身练习可以提高肌肉温度,克服肌组织的黏滞性,增加肌肉、韧带的伸展性和弹性,预防运动损伤的发生。热身练习提高内脏器官的机能水平,以适应身体剧烈运动的需要,提高神经系统兴奋性,使大脑皮层处于最佳的兴奋状态,此时从事运动锻炼可达到事半功倍的效果。瑜伽中的热身练习,一般从活动人体末端关节开始,如腕、踝、颈、肩的练习等。另外瑜伽中的很多姿势练习都可作为热身练习,如手臂伸展练习、单臂风吹树练习、腰躯旋转练习等。"拜日式"的连续练习被视为瑜伽中较好的热身练习。总之,在瑜伽练习之前必须做好热身练习。

6. 锻炼后的放松

瑜伽锻炼后的放松练习是瑜伽锻炼不可少的重要环节,通过练习可以使练习者放松身心、缓解疲劳。放松练习可以调解中枢神经系统活动、放松紧张痉挛的肌肉群。由于肌肉张力常受意识的影响,因此在瑜伽放松时应运用暗示,通过语音引导,意念集中在身体的某一部位,感受身体的松弛。瑜伽放松方式练习一般采用仰卧姿势,通过呼吸调节、意念引导及冥想进行练习。

六、瑜伽热身与放松方法介绍

1. 瑜伽热身练习方法

热身练习可以提高肌肉温度,克服肌肉组织的黏滞性,预防运动损伤的发生。瑜伽的热身练习一般从活动人体末端环节的练习开始,如腕、踝的练习,还有颈、肩的练习。下面就常见的热身练习作以介绍。

（1）头颈练习（图1－1）：

预备　　　　　　　　　　　　（1）

（2）

（3）

（4）

图 1-1　头颈练习

① 慢慢低头，让下颚尽量靠近胸部，感觉颈前部肌肉、韧带受到挤压，颈后部肌肉韧带得到拉伸，之后还原，再慢慢抬头，感觉颈后部肌肉、韧带受到挤压，颈前部肌肉韧带受到拉伸。

② 头颈尽量向左（或右）侧屈，左耳（或右耳）尽量贴近左肩（或右肩），感受一侧肌肉韧带的挤压及另一侧肌肉韧带的拉伸。

③ 颈部保持直立，头垂直向左、右转，感受颈椎肌肉的扭转与牵拉。

④ 头颈旋转，将头从右侧开始顺时针方向慢慢转动一圈，回到开始的位置。再沿逆时针方向慢慢旋转一周，还原。

（2）肩部旋转练习（图1－2）

（1）

（2）

（3）

图1－2   肩部旋转练习

① 两臂屈，手指触肩峰，向前慢慢绕环，再向后慢慢绕环。

② 两肘向上抬起，两手在颈后交叉，停留，两肘再向下。

③ 两肘向前，之后再向后。

（3）手腕练习：两臂前伸平举，五指分开，手腕先向内旋转，再向外旋转（图1－3）。

图 1 - 3　手腕练习

（4）踝部练习

① 坐姿,两腿伸直先用力绷脚,再用力勾脚(图 1 - 4)。

图 1 - 4　脚踝练习

② 两脚踝由内向外绕环,再由外向内绕环(图 1 - 5)。

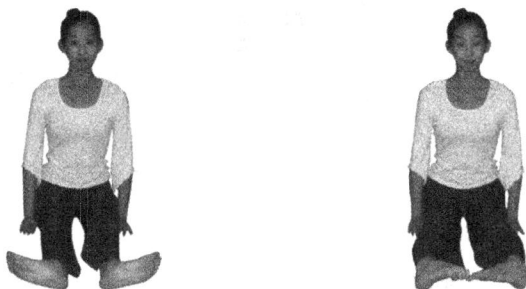

图 1 - 5　脚踝练习

（5）瑜伽热身套路介绍——拜日式

拜日式又叫向太阳致敬式,它是经典的瑜伽姿势循环练习方法,也是最好的热身运动。拜日式在练习开始时,可唤醒身体,使身体精力充沛。拜日式是伸展、调理整个身体和脊椎的有效方法。具体做法如下(图 1 - 6):

预备

(1)

(2)

(3)

(4)

(5)

(6)

(7)

(8)

(9)

(10)

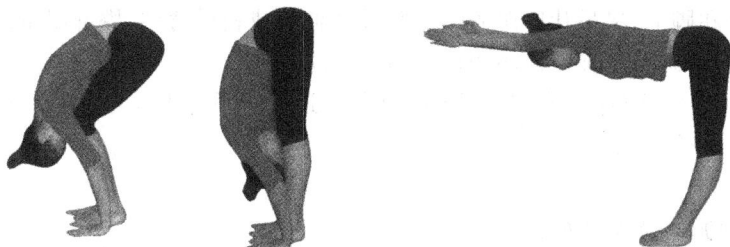

（11）

（12）

（13）

图 1-6 拜日式循环练习图

（1）双腿并拢直立,脊椎伸直,双手胸前合十。

（2）吸气,两臂向上伸展,举过头顶,身体稍后弓,手臂随之后举,掌心相对,两臂靠近耳朵,抬头看手指方向。

（3）呼气,手臂向前向下伸出,上体同时前屈,头、颈和脊椎保持一致。体前屈,两手抱腿(或扶地)。

（4）两手撑地,双腿后撤,成倒"V"字形姿势。

（5）吸气,右腿后伸,左腿在前弯曲,上体向上抬起。

（6）屏气,左腿后伸,身体伸展,成俯撑,身体成一条直线,视地面。

（7）呼气,手臂支撑上推,抬臀部,直到身体成为倒"V"字形。体重均匀地分布在手和脚上,尽量让脚跟着地。膝关节伸直或稍微弯曲,臀部尽量高抬。

（8）吸气,右腿向前跨,屈膝支撑,左腿后伸。上体抬起。

（9）屏气,左腿后伸,身体伸展,成俯撑,头颈部与脊椎保持一致,目视地面。

（10）呼气,手臂支撑上推,抬臀部,直到身体成为倒"V"字形。体重均匀地分布在手和脚上,尽量让脚跟着地。膝关节伸直或稍微弯曲,臀部尽量高抬。

(11) 双腿轻轻前跳后,两腿伸直成体前屈姿势。

(12) 吸气,两臂上举,上体抬起。呼气,返回双手合十姿势。

(13) 身体还原。

2. 瑜伽放松练习方法

方法一:仰卧,双腿伸直稍分开,双臂在体侧,掌心向上,身体充分放松(图1-7)。先进行呼吸练习,可发声也可不发声练习。然后在意念引导下依次放松身体的各个部位。

方法二:跪姿体前屈。这一方法也适用于瑜伽姿势练习之间的放松练习(图1-8)。

图 1-7 仰卧放松姿势   图 1-8 跪姿放松姿势

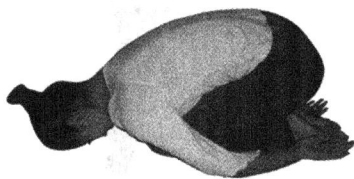

第二篇　瑜伽呼吸篇

呼吸是瑜伽的精华和关键,是一种通过调整呼吸净化身心的方法。

一、瑜伽呼吸的特点

（1）瑜伽练习中的呼吸是在意念引导下进行的。常态下,人的呼吸是无意识的,而瑜伽练习中的呼吸运动是在中枢调节和控制下进行的。呼吸深度、呼吸频率、呼吸形式及身体状态等都是在意识引导下进行的,所以由意念引导呼吸是瑜伽锻炼的关键。

（2）瑜伽呼吸强调横膈肌膜参与。人体的胸腔、腹腔是由膈肌隔开的密封容器,运动中采用以横膈膜升降运动为主的方式,通过膈肌收缩从而增大了胸腔、腹腔的容积,增加呼吸深度,提高肺通气量,有助于内脏器官的健康。

（3）瑜伽的呼吸要求深长、缓慢,从而更好地进行吐故纳新。人自然呼吸时,一般只使肺的中上部气体进行交换,而肺底部仍残留着陈旧气体,这从而为机体内细菌的滋长创造了条件,使人体的抵抗力下降。而通过瑜伽深长而缓慢的呼吸,可以使肺部沉淀的气体尽量排出体外,进而净化体内环境,通过深层次的吐故纳新,有助于提高身体机能。

（4）进行瑜伽练习时,要求呼吸与肢体动作密切配合,这也是瑜伽锻炼区别于体操等锻炼的重要特点之一。在瑜伽练习中强调呼吸与身体动作的配合,如当肢体向上运动时吸气,肢体向下运动时呼气,躯体后伸时吸气,躯体前屈时吸气等。

总之,呼吸是瑜伽锻炼的中心环节,它将意念与呼吸配合,精神与身体结合,从而更深入地放松身体和精神,增加人体活力。

二、瑜伽呼吸的锻炼功效

（一）调整神经系统的机能

瑜伽呼吸可以很好的缓解压力,瑜伽呼吸要求深沉、缓慢,而深呼吸具有很好的稳定情绪的作用,进而消除紧张与压力。人的正常呼吸是由自主神经所支配,当人处于轻松平静的状态时,呼吸是均匀的,身体也相对和谐、柔软。一旦身体受到外界刺激时,就会影响呼吸的速率,产生呼吸紊乱现象。例如,当心情激动时,呼吸变浅,短促而激烈,神经兴奋,若将呼吸平稳下来,心情也随之安定下来。瑜伽呼吸练习是将注意力完全放在对自身呼吸上,在意念引导下通过控制呼吸的深度、频率来调节神经系统与内分泌系统,放松心情,镇定情绪,减缓压力。因此,瑜伽呼吸方法现已成为缓解压力的主要治疗方法。

(二) 提高呼吸系统机能

瑜伽呼吸锻炼可改善肺通气及血液供应状况,提高肺换气效率。肺换气功能的改善得益于瑜伽运动呼吸形式对呼吸膜的牵拉作用。呼吸与体位配合可牵拉肺泡,增加肺泡通气面积,缩短气体弥散距离。瑜伽呼吸是在中枢调控下的腹式深呼吸,促进血液回流的"泵机制",腹压减少时则血液流入腹腔增多,对腹腔器官发挥按摩作用。在腹压增加时,腹腔静脉受压,外周静脉压提高,血液回心加速,肺循环血流量增加。瑜伽运动中深而慢的完全呼吸,可有效增加肺泡气体的氧含量,降低二氧化碳含量,对肺动脉高压状态有改善作用。总之,瑜伽呼吸练习可以增强肺通气和换气功能,提高机体对氧的摄入和利用,缓解肺动脉高压状态,提高呼吸系统技能水平,促进人体健康。

(三) 促进各器官系统的健康

由于练习瑜伽时呼吸加深,横膈肌大幅度上下移动和腹肌的大幅度运动,对内脏器官有按摩作用。吸气时,肺部得到扩张,横膈膜下降,对胃肠进行按摩,促使胃腺分泌液增多,消化机能加强,胃肠消化功能得到良好的改善。在呼气时,腹部收紧,横膈膜上移,又会轻轻按摩心脏。横膈膜的收缩运动,会影响到淋巴系统内体液的流通,能够排除体内毒素.增强抵抗力,促进人体健康。

三、瑜伽呼吸的基本方法

在瑜伽中有最为基本的方法,即按照呼吸部位的分段式方法,包括胸式呼吸法、腹式呼吸法和完全呼吸法。

(一) 胸式呼吸法

胸式呼吸法是胸和肋向外、向上扩张,同时两肩也向上抬升以帮助胸廓扩张,外界空气便压入肺内而完成吸气,然后胸、肋复还原位,两肩下沉使胸廓缩小,肺内储气便排出体外而完成呼气,肋骨一开一关进行的呼吸(图2-1)。

(二) 腹式呼吸法

　　腹式呼吸法是一种腹部向内、向外运动的呼吸，它是通过位于胸部和腹部交界处的横膈膜上下移动而完成的呼吸。呼吸时膈肌收缩，腹部随之起伏，是以膈肌活动为主的呼吸方式。吸气，腹部慢慢鼓起，吸气越深，腹部鼓起的越高。随着腹部扩张，横膈膜下降。呼气，腹部向内收，尽可能把所有气体排出体外，以腹部为气体运行中心。这种呼吸比较深长，使心情安静、舒缓、放松。从人体生理特征来说，腹式呼吸可以加深和加大肺活量，对于瑜伽初学者来说，采用此种方法呼吸较为适宜。在练习瑜伽休息术时，可通过意念导引呼吸，将气体缓慢传递到小腹(图2-2)。

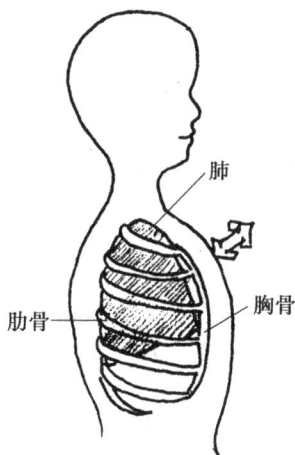
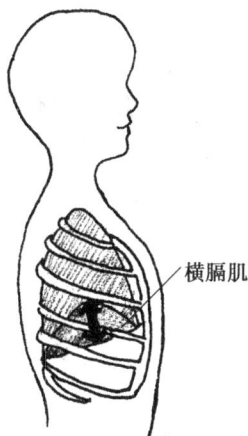
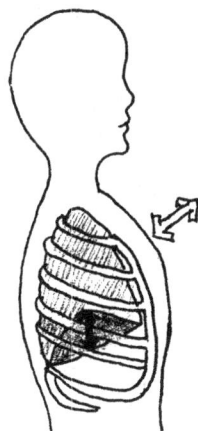

图 2-1　胸式呼吸 　　　　图 2-2　腹式呼吸 　　　　图 2-3　完全式呼吸
　　　肌肉用力图 　　　　　　　肌肉用力图 　　　　　　　肌肉用力图

(三) 完全式呼吸法

　　完全式呼吸法是胸式呼吸法和腹式呼吸法结合起来完成的呼吸方法(图2-3)。

四、瑜伽呼吸练习的步骤

　　瑜伽呼吸最大特点是有意念的呼吸，可在自然呼吸的基础上进行。

(一) 呼吸练习步骤

　　(1) 坐姿或仰卧，闭上双眼，放松全身，完全用意念引导呼吸过程。

（2）体会吸气时清凉的空气从鼻腔而入，呼气时温暖的气体从鼻腔排出的过程。

（3）意守咽部，感觉呼吸时，气体通过咽部上端一出一进的过程。

（4）意守胸部，感觉呼吸时气体进出于气管和支气管的过程。感觉呼吸时，气体进出于肺部，感受肺部的扩张和收缩。

（5）意守胸骨，体会胸骨随着呼吸起伏的过程。

（6）意守腹部，体会腹部在吸气时隆起，呼气时落下的过程。

（7）最后，由意念导引，体会气体从鼻孔到腹部的整个呼吸过程。

（二）胸式呼吸练习步骤

（1）取仰卧或舒适的冥想坐姿，放松全身。

（2）吸气时，感觉清凉的气体进入鼻腔，气体通过咽喉进出于气管和支气管，直到肺部。感受肺部的张与弛，体会胸骨随着吸气而升起的过程。

（3）呼气时，慢慢地放松胸腔，感觉胸骨向下的过程，气体再沿着原通道即——肺、气管、喉咙、鼻腔排出（图2-4）。

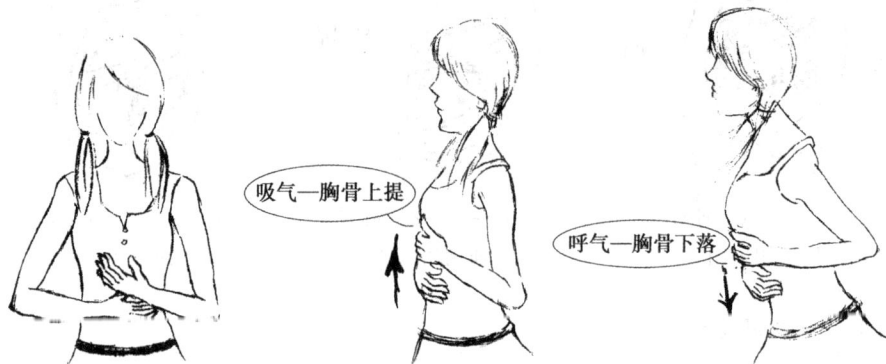

吸气—胸骨上提

呼气—胸骨下落

图2-4 胸式呼吸图

（三）腹式呼吸练习步骤

（1）取仰卧或舒适的冥想坐姿，放松全身。

（2）吸气时感觉到清凉的空气进入鼻腔，气体通过喉咙进出于气管和支气管，通过胸部吸入腹部，此时膈肌下移，腹部隆起。

（3）呼气时，最大限度地收腹，气体再沿着原通道即肺、气管、喉咙、鼻腔排出。

（4）循环往复,保持每次呼吸节奏一致,并细心体会腹部的一起一落,用意念引导呼吸的全过程(图 2-5)。

（5）重复以上步骤反复进行练习。

图 2-5　腹式呼吸图

（四）完全呼吸法步骤

（1）取仰卧或舒适的冥想坐姿或坐在椅子上,放松全身。

（2）先轻轻吸气,吸气时感觉到清凉的空气进入鼻腔,气体通过喉咙,进入气管和支气管,空气通过胸部,吸到腹部,当这个区域已饱满时,接着开始充满胸部区域的下半部位置,渐渐地再充满至胸部区域的上半部位置,尽量将胸部吸满,扩张至最大的程度。

（3）呼气,先放松胸部的位置,再放松腹部的位置。

（4）用收缩腹部肌肉的方式结束呼气,这是为了确保将肺部的气体完全排出的方法。

（5）重复以上步骤反复进行练习(图 2-6)。

瑜伽练习中还有很多呼吸控制方法,如风箱式调息、圣光调息等。由于上述方法需要较高的控制技巧,本篇暂不一一介绍。

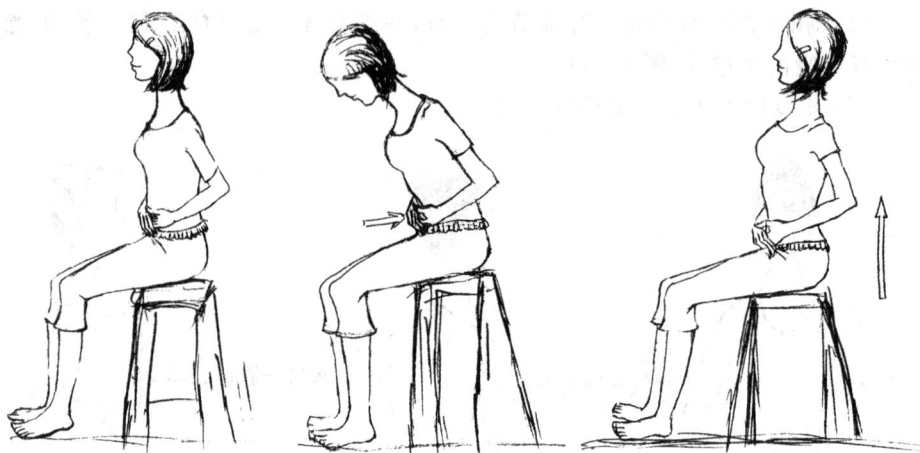

图 2-6 完全呼吸图

第三篇　瑜伽姿势篇

　　瑜伽姿势都是为了促进人体稳固和健康而设计的各种身体姿势。练习瑜伽时每一个姿势都在收紧、伸展的过程中帮助肌肉恢复弹性，发展平衡。

一、站姿瑜伽

　　站立行走是人类区别于其他动物的标志之一，正确的站立姿势对人体健康非常有益，正确的站立姿势首先使人体感到舒服和稳定。在站立时能够加强下肢肌肉力量，使腿部、踝部更加坚实，通过收缩臀部肌肉从而固定髋关节，更有利于平衡感，使人站立平衡而又轻松。瑜伽练习从站立姿势开始，通过站立瑜伽的练习，能够使你体会到自己像大树一样挺拔、稳固。

　　为了便于练习者根据需要自行选择练习动作，本书根据人体运动规律介绍站立瑜伽姿势。

(一) 躯干直立姿势

1. 山式
　　山式是瑜伽中最基本的站立姿势，是所有瑜伽站立姿势的基础，要求人体既放松又稳定，既平和又充满生机(图 3 - 1)。

图 3 - 1　固定姿势

动作方法：

双脚并立，脚趾用力抓地，双腿并拢伸直。收腹、收臀，为身体上下肢之间的连接起到很好的固定与平衡作用。充分伸展脊柱，挺胸，下颚略收，肩下沉，两臂置于体侧，指尖向下伸。

呼吸配合：

自然呼吸。

意念引导：

感觉自己的两脚像树根一样深深扎入泥土中，而头部充分上顶，感觉自己的身体在拉长，身高在增加。体会一条垂直线连接耳、肩、臀、膝和踝，想象自己像大山一样稳固。在进行山式练习时，采用双脚开立的简化姿势（图3-2）。

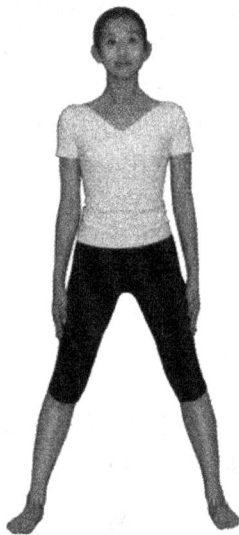

图3-2 简化姿势

2. 手臂伸展式

手臂伸展式是在山式基础上进行的较为简单的站立姿势，这一姿势适宜锻炼初始的热身练习（图3-3）。

正面　　　　　　　　　　侧面

图3-3　固定姿势

动作方法：

山式站立。吸气，两手腹前交叉，然后两臂慢慢向上方举起，双手在头上交叉，尽量上伸，头稍后抬，此姿势稍作停留。呼气，两臂慢慢落下到体侧，下落时手心向下，颈部伸直。此练习可重复6～12次（图3-4）。

图3-4　连续动作

呼吸配合：

手臂向上伸展时——深吸气,手臂向下回落时——呼气。停留在上伸姿势时——自然呼吸。

意念引导：

随着手臂向上伸展,感觉由手臂向背阔肌、斜方肌的充分拉伸和脊柱的充分伸展。

锻炼功效：

通过伸展上肢,促进背部的血液循环,疏通经络,缓解背部僵硬、酸痛感,克服含胸、驼背不良体态,促进人体血液循环。

3. 幻椅式

幻椅式是幻想坐在椅子上的感觉(图 3-5)。

图 3-5　固定动作

动作方法：

山式站立。吸气,手臂经前向上举至头顶,手指指向上方,两手与肩同宽(也可以双手合拢在头顶)。呼气,屈膝,脚踏实,双膝并拢,上体稍前倾,控制上体的姿势。好似坐在椅子上的感觉。正常呼吸 4～8 次,保持这个姿势 20～30 秒。吸气,伸直双腿,回到竖直的姿势。呼气,手臂落下(图 3-6)。

图 3 - 6　动作连续

呼吸配合：

身体向上运动时——吸气，即在手臂向上及腿部向上伸时吸气。身体向下运动时呼气——即在屈膝及落臂时呼气。停留在固定姿势时——自然呼吸。

意念引导：

从手臂前伸开始到屈腿半蹲，每一动作都应在意念的引导下进行，特别是在幻想坐在椅子上的感觉。

锻炼功效：

拉伸跟腱，增强大腿肌肉力量，控制踝、膝、胯关节。伸展脊柱，扩展胸部，调整背部姿态，强壮腹部，舒展肩部。膈肌收缩，对肺部和心脏等内脏器官有按摩作用，并可促进消化系统的功能。身体的对称性运动，可使两侧肌肉得到均匀的发展，对改善体态，矫正不良姿势都有作用。

注意事项：

注意在整个练习过程中，双腿要保持平行。保持固定姿势时，不要屏住呼吸。

4. 蹲式(图 3 - 7)

图 3 - 7 固定姿势

动作方法:

两腿开立,脚尖指向外侧,两手十指交叉,两臂自然下垂,双膝有控制的弯曲,使身体重心降低,当两腿不能继续再屈时,稍保持此姿势后,再两腿慢慢伸直,恢复挺身直立的姿势(图 3 - 8)。

图 3 - 8　连续动作

呼吸配合：

下蹲时——呼气，保持姿势时——自然呼吸，腿部伸直时——吸气。

意念配合：当下蹲时感到有种对抗的力量阻止下蹲，而伸腿时又有种对抗力量阻止伸直。

锻炼功效：

加强踝、膝、大腿内侧肌肉的力量。

注意事项：

练习时要循序渐进，当腿部力量不足时，可逐渐增加下蹲的深度。

5. 战士第一式(图 3 - 9)

图 3 - 9　固定姿势

动作方法：

山式站立，右脚向右侧横跨一步，两脚在一条直线上，注意身体稳定。双臂向上举起，手臂、手指尽量向上伸展，双臂保持平行，肩部松弛，胸部扩展。右脚外转90度，左脚内转45度，保持双腿笔直，同时转动上体、髋部。用手臂带动上体向上，弯曲右膝，大腿尽量与地面平行，小腿则与地面及大腿成垂直角度，左腿尽量蹬直。头向上方抬起，两眼注视合十的手掌，躯干垂直，位于正中位，伸展头部、胸部收紧腹部，伸展脊柱。伸直双腿，转回到正面，手臂落下至体侧，再进行左侧的练习。这一练习也是很好的热身练习（图3-10）。

图3-10　连续动作

呼吸配合：

手臂上伸时——吸气，身体转动时——呼气，手臂及身体上伸时——吸气，屈膝时——呼气，停止在固定姿势时——自然呼吸，双腿伸直时——吸气，转回落手时——呼气。

意念引导：

在意念的引导下进行手臂的上举、下肢及身体的转动，在形成固定姿势后，要感觉到自己的身体姿势稳定、坚固。在意念的引领下恢复自然位置。

锻炼功效：

加强腿部、胯部、腹部、背部和颈部的肌肉力度与伸展。强化脚、膝、胯、肩关节的力量。扩展胸部，有利于呼吸机能的提高。

注意事项：

这个姿势强度很大，身体虚弱及心脏衰弱的人不易练习。

6. 战士第二式

此式是战士第一式的变化姿势（图 3－11）。

图 3－11　固定动作

动作方法：

山式站立，下肢动作方法同战士第一式。右脚向侧迈开，双腿尽量分开站立，两个脚应在一条直线上，注意身体稳定。两臂侧举与肩同高，手心向下，手指指向两侧。右脚外转 90 度，左脚稍内转。保持双腿笔直，同时转动上体、髋部。两臂尽量伸长，脊椎伸展和头部向上，头部向右侧转，目视右手方向。右膝屈，尽量使大腿与地面平行，小腿垂直于地面，在此姿势上停留，自然呼吸 3～5 次。伸直双腿，身体回原位，手臂自然下落至体侧，然后交换左侧练习。这一练习也是很好的热身练习（图 3－12）。

图 3-12　连续动作

呼吸配合：

手臂侧伸时——吸气，身体转动时——呼气，手臂侧伸、身体伸展时——吸气，屈膝时——呼气，停止在固定姿势时——自然呼吸，双腿伸直时——吸气，转回落手时——呼气。

意念引导：

在意念引导下，侧伸手臂，转动脚踝，在形成固定姿势后，体会跟腱的拉伸，大腿肌肉的收缩，腰背的挺拔，手臂的伸长。要感觉到自己的身体稳定，精神饱满。

锻炼功效：

加强腿部、髋部、腹部、背部和颈部的肌肉伸展度，强化脚、膝、髋、肩关节力量。扩展胸部，有利于人体呼吸机能、平衡能力以及注意力的提高。

注意事项：

有心脏病，高血压及身体虚弱的人应慎重练习。保持固定姿势时，要放松自己的脸部、咽部，注意调节自己的呼吸。

（二）躯干屈、伸的站姿瑜伽

1. 直角式

直角式是因为站立时身体前屈成 90 度角而得此名（图 3 - 13）。

图 3 - 13　固定姿势

动作方法：

站立，两脚并拢，两手十指交叉紧握，高举过头，抬头，两眼注视相握的双手。以脊柱基座为支点，做体前屈，直至背部和双腿形成直角，始终两眼注视相交的两手。自然呼吸，保持这个姿势 4～8 次自然呼吸。上体慢慢抬起，恢复直立姿势（图 3 - 14）。

图 3 - 14　连续动作

呼吸配合：

手臂上举时——吸气,上体前屈时——呼气,保持固定姿势时——自然呼吸,上体慢慢抬起时——吸气,手臂放下时——呼气。

意念引导：

在手臂上伸时,要充分感到脊柱的伸展,椎骨之间的空隙加大,向前屈体时,由髋、腰、胸逐渐向前屈,体会下肢肌肉的放松、伸展。

锻炼功效：

有助于纠正驼背、脊柱弯曲和双肩下垂,起到矫形、塑形作用。放松腿后肌群,同时也加强腿部力量。

2. 站立前屈式(图 3-15)

图 3-15 固定姿势

动作方法：

从山式开始,手臂向上举起,掌心相对,手指向上。上体逐渐向下弯曲,两臂始终贴近两耳。同时尽量让头部和颈部与脊椎形成一条直线,腿部放松。此姿势停留时自然呼吸。背部放松用手抓住脚踝外侧,双腿伸直。动作还原时,双臂贴着两耳,直至身体直立,手臂还原。可根据自身情况,完成1～3次(图 3-16)。

图 3 - 16　连续动作

呼吸配合：

手臂上举时——吸气，上体前屈时——呼气，保持固定姿势时——自然呼吸，上体抬起时——吸气，手臂落下时——呼气。

意念引导：

在意念引导下进行练习。身体前屈时，要体会由骶椎、腰椎、胸椎、颈椎依次前屈拉长的感觉。返原时体会由脊柱的远端依次还原的感觉。

锻炼功效：

通过逐节伸展脊柱，使整个脊柱得以充分伸展，有益于脊柱健康。由于身体前屈挤压内脏器官，有助于胃肠道内食物的蠕动，帮助消化。随着体位的改变，增加头部的血液供应，改善了脑内的血液循环，同时，具有美容的功效，也改善了全身血液循环的情况。

注意事项：

有心脑系统疾病的人，在练习时头部不可低于心脏。保持前倾式时，意念要引导呼吸。对于身体柔韧性较差者，要逐渐加大动作幅度，允许双腿稍有弯曲，还可以变化动作方式（图 3 - 17）。

图 3 - 17　简化及变化动作

3. 侧伸展加强式(图 3 - 18)

图 3 - 18   固定姿势

动作方法：

从山式开始,双腿自然分开。右脚向外侧转 90 度,身体右转,重心在双脚之间,膝关节伸直。双手背部合十,两肘和两肩胛骨向后收。挺胸、抬头,上体微后仰。上体前倾,脊椎尽量向前伸展,放松,头向腿部靠近。停留,自然呼吸 2～6 次。上体慢慢抬起。身体转向前收回到开始姿势。稍作调整,再进行另一侧练习(图 3 - 19)。

图 3 - 19   连续动作

呼吸配合：

双手在后合十挺胸抬头时——吸气，上体前屈时——呼气，保持固定姿势时——自然呼吸，上体抬起时——吸气，上体还原放下手时——呼气。

意念引导：

意念引导动作。随着上体前屈，体会脊柱由骶椎、腰椎、胸椎、颈椎依次伸展，带动上体前屈。当头部贴近腿部时，体会颈部放松，头部血流量增加，感受到大腿后肌群的伸展。当上体抬起时，可清晰地感受到脊椎依次伸展带动上体抬起。

锻炼功效：

通过有序的伸展脊柱，有益于调整脊柱状态，调理脊神经系统。由于上体前屈，隔肌收缩，对内脏器官有按摩作用，促进消化机能。由于体位的改变，增加头部、面目的血流量，使人精力充沛、神清气爽。拉伸大腿后肌群，促进腿部血液循环。

注意事项：

患有心脏病、高血压等疾病者，头部不宜低于心脏，并要慎重行事，或者前倾到一半位置即可。如果无法做到在背后双掌合十，两手可放在腰后手指相交（简化做法）。如果伸直双腿感觉疼痛剧烈时，就不要勉强进行，可稍微弯曲双腿或上体前屈到允许的范围内（图 3 - 20）。

图 3 - 20　降低难度

4. 风吹树式(图 3 - 21)

图 3 - 21 固定姿势

动作方法:

山式站立。两手在体前十指相交,两臂高举过头顶,翻腕,手心向上,两脚提踵。上肢及躯干以腰为轴,向右侧弯曲,上肢及躯干回位,手臂回原,足跟落地,再进行另一侧练习。此姿势可重复进行 4~8 次(图3-22)。

图 3 - 22 连续动作

呼吸配合：

肢体上举时——吸气，躯干侧屈时——呼气，保持姿势时——自然呼吸，肢体回正时——吸气，肢体下落时——呼气。

意念引导：

从手臂上伸开始在意念引导下，身体宛如随风摆动的树枝，在风的吹动下身体向左、右摆动，体会身体两侧被充分拉伸与挤压的感觉。

锻炼功效：

有效锻炼脊柱的侧向柔韧性，提高身体两侧肌群的伸展能力。扩胸，松肩。由于侧向弯曲，挤压内脏器官，促进内脏器官机能的提高，同时也可增强灵活性，提高平衡感。

注意事项：

练习初期，如果脚尖站立较为困难，可全脚站立，随着平衡能力的提高再进行脚尖站立。用带子进行简化练习（图3－23），还可简化成单臂风吹树练习（图3－24）。

图3－23　简化动作

图 3 - 24　简化单臂风吹树连续动作

5. 三角伸展式

三角是指站立时躯干与两腿之间正好形成一个三角形,在此基础上躯干向侧弯曲,使身体得以伸展,三角伸展式是瑜伽的经典姿势(图 3 - 25)。

图 3 - 25　固定姿势

动作方法:

双脚平行开立,身体重心在两脚之间。左脚外展 90 度。两臂侧举与肩同高,掌心向前,手臂尽量向两侧伸。向左慢慢弯腰,手臂与躯干成直角,两臂在一条线上,眼向上看手。停住,自然呼吸 2～6 次。躯干慢慢还原,手臂保持侧伸。手臂落下,然后再进行另一侧练习(图 3 - 26)。

图 3-26　连续动作

呼吸配合：

手臂侧伸时——吸气，身体侧屈时——呼气，保持在一定的姿势时——自然呼吸，身体还原时——吸气，手臂落下时——呼气。

意念引导：

从两臂侧伸开始，身体动作即在意念的引导下进行。身体侧屈时手臂尽量远伸，侧弯一侧肢体充分挤压，另一侧肢体充分拉长，感受身体内血液循环加快，肌肉韧带牵拉。

锻炼功效：

通过躯干的侧弯，增强脊柱的柔韧性。在伸展脊柱的同时，调理了脊柱周围神经系统的机能水平。通过伸展与弯曲身体，提高了肩部、体侧、髋部、腿部肌肉韧带的弹性，并增强腿部肌肉力量，消耗腰间的赘肉与脂肪。由于身体侧向弯曲，必然挤压到内脏器官，从而对腹腔内的肝、脾等内脏器官起到按摩作用。这一动作也是瑜伽经典姿势。

注意事项：

颈部有问题，就不要勉强头部保持向上的姿势。在保持这一姿势时不要屏气，要自然呼吸。双腿伸直，膝盖伸直，保持身体的稳定性。可借助墙壁进行练习。

最初学习这一动作时，如手不能触地、触腿时，不要勉强，可根据自己的实际情况保持在允许的范围内进行（图 3-27）。

图 3-27   简化三角伸展式动作

当柔韧性达到一定程度时,可加强其难度(图 3-28)。

(1)

(2)

(3)

(4)

图 3-28   强化三角伸展式动作

6. 站立后弓式(图 3 − 29)

图 3 − 29　固定姿势

动作方法：

　　山式站立,双手合十,双手向上举过头顶,手臂伸直,伸展脊柱。身体在允许的范围内向后伸展,手臂也随着向后伸展,并逐渐分开双手,与肩同宽掌心相对。头部也随之向上抬起,伸展颈部,保持向后伸展姿势时,采用自然呼吸。上体回原,手臂落下(图 3 − 30)。

图 3 − 30　连续动作

呼吸配合：

手臂及身体伸展时——吸气,保持固定姿势时——自然呼吸,手臂及身体还原时——呼气。

意念引导：

随着手臂及身体的伸展,体会腿部绷直,髋部上顶,臀部收紧,脊柱拉长,颈部及手臂的放松。身体还原时,要在意念引导躯干由下至上依次还原。

锻炼功效：

伸展胸部,伸展脊柱,调理身体。收紧臀部、腰部、背部肌肉,有利塑形。

注意事项：

身体后伸展程度,要根据个人情况量力而行。向后伸展时,要注意调整身体重心的位置。最初练习时,可降低动作难度,如双手扶腰,进行身体后展练习(图3-31)。

图3-31　简化姿势

7. 腰躯扭转功(图 3 - 32)

图 3 - 32　固定姿势

动作方法：

两脚开立，身体挺立，两臂从两侧举起，从骶椎发力向左后旋身，当转到最大幅度时，右手放在左肩膀之上，左手背扶于右臀后，保持此姿势，然后回到原位，再进行另一方向的练习(图 3 - 33)。

呼吸配合：

两臂侧伸时——吸气，躯干和腰部扭转时——呼气，保持姿势时——自然呼吸，身体转回伸臂时——吸气，手臂放下还原时——呼气。

图 3 - 33　连续动作

意念引导：

意念引导由骶椎开始由下至上充分扭转，还原时同样由下至上返回原位。

锻炼功效：

放松背部肌肉群，矫正不良身体姿态，它还有助于消除腰部及髋部的僵硬状态。

二、坐姿瑜伽

坐姿是瑜伽练习中经常采用的姿势,瑜伽练习中利用坐姿进行调息、冥想、放松及体位练习。坐姿是瑜伽各种练习的基础。下面介绍瑜伽的基本坐姿及练习方法。

(一) 瑜伽的基本坐姿

瑜伽的基本坐姿包括简单式、吉祥式、完美式、莲花式和雷电式。

1. 简单式

简单式又叫简易坐,是初学者最理想和最适合的瑜伽冥想姿势(图 3-34)。

图 3-34 固定姿势

动作方法:

盘腿坐,背部挺直,脊柱伸展,下额略收,头正直(可换腿做)。

锻炼功效:

加强两髋、两膝、两踝的柔韧性,减轻和消除风湿痛和关节炎对机体的侵扰。

2. 吉祥式

吉祥式又叫吉祥坐,是在简单式坐姿基础上略有难度的一种坐姿(图 3-35)。

图 3 - 35　固定姿势

动作方法：

直腿坐，左腿屈，左脚置于右大腿内侧，脚掌向上，右腿屈，右脚放在左大腿与小腿之间。背部挺直，脊柱伸展，下颌略收，头部正直（可换腿做）（图 3 - 36）。

图 3 - 36　连续动作

锻炼功效：

可以改善臀部、膝关节及踝关节的柔韧度，加强背部肌肉力量。

3. 完美式

完美式又叫至善坐，是瑜伽坐姿中较为重要的一种坐姿（图 3 - 37）。

图 3 - 37　固定姿势

动作方法：

直腿坐，左腿屈，用两手抓住左脚，将左脚跟紧紧顶住会阴部位，左脚掌紧靠右大腿内侧。然后屈右腿，把右脚放在左脚踝之上，右脚跟靠近耻骨，而脚掌及脚趾置于左大腿与小腿之间。初学者也可把右脚直接放在地上，背部挺直，脊柱伸展，下额略收，头部正直（可换腿做）（图 3 - 38）。

图 3 - 38   连续动作

锻炼功效：

具有镇定安神的效果，是瑜伽修炼者最常用的坐姿之一，适宜用来做呼吸练习和冥想练习，但患有坐骨神经痛的人不易采用。

4. 莲花式

莲花式是瑜伽中经典的坐姿，这个姿势极为适宜做呼吸和冥想练习（图 3 - 39）。

图 3 - 39   固定姿势

动作方法：

直腿坐，左脚放在右大腿上，脚跟放腹股沟处，左脚掌朝上。右脚放在左大腿上。右脚跟放在腹股沟处，右脚掌向上。两膝放平尽量贴地。背部挺直，脊柱伸展，下额略收，头部正直（可换腿做）（图 3 - 40）。对于初学者较为难掌握，练习初期不宜采用，身体柔韧性较好的人可直接采用。这个姿势尽管有难度，但掌握后是一个很松弛的练习。

图3-40　莲花式动作连续

锻炼功效：

盘腿可以减少并放慢下半身的血液循环，从而增加上体，特别是胸、脑部的血液量，同时还可以使呼吸系统通畅。莲花坐有助于使人的身体稳定而安静。

5. 雷电式

雷电式又叫雷电坐，是一个缓解背部紧张的安全坐姿（图3-41）。

图3-41　雷电式

动作方法：

两膝跪地，臀部坐在两脚内侧及两后跟之间，两膝并拢，两小腿胫骨和脚背着地，大脚趾互相交叉，两脚跟向外指。背部挺直。

锻炼功效：

雷电式是一个极好的冥想姿势，对于患有坐骨神经痛的人来说，是一个非常适宜的坐姿。雷电坐有助于使心灵平和宁静,同时还可提高消化系统的功能。

(二)坐姿直立瑜伽姿势

坐姿直立瑜伽姿势包括坐姿伸展式、牛面式、半剪式、屈膝前搬式和射箭式等。

1. 坐姿伸展式

坐姿伸展式是瑜伽最基本也是最根本的坐姿,在上体直立基础上,通过手臂上伸使脊柱得到伸展的练习方法(图3-42)。

图3-42 固定姿势

动作方法:

由简易坐或莲花式坐姿开始。两臂由侧上举至头上十指交叉,低头下额收于胸骨上,掌心翻转向上,两臂尽量向上伸展带动脊柱伸展,背部要伸直(自然呼吸)。保持这一姿势4~8次呼吸,然后两手分开,手臂慢慢落下。可交换两腿的位置,反复做这个练习(图3-43)。

图 3-43　连续动作

呼吸配合：

手臂上伸时——吸气，翻腕低头时——呼气，保持伸展姿势时——自然呼吸，手臂落下时——呼气。

意念引导：

感到自己稳如泰山，髋、膝、踝放松，随着手臂的上伸，感到由手臂带动脊柱伸展，背部血液循环加强，缓解肩部僵硬与紧张状态。

锻炼功效：

减少两腿血液循环，增加上体特别是胸腔和脑部的血流量。扩胸，有利于呼吸畅通，对于患哮喘和支气管炎的人有益。可以消除双肩僵硬强直和风湿痛。

注意事项：

如做莲花坐感到髋、膝不适，可在简易坐姿上进行练习。

2. 牛面式

牛面式是因为这一姿势从后面看很像一张牛脸而得名。（图 3-44）。

正面　　　　　　　　　　　　　　背面

图 3-44　固定姿势

动作方法：

直腿坐，两手撑地使臀部离开地面，屈左膝，向体后收回左脚，屈右腿至于左大腿上，双腿交叉，臀部坐在两脚之间，脚离臀部越近越好，背部保持垂直。手臂姿势为左右手在背后上下扣拉，置于肩胛骨之间，眼睛向前看。保持这个姿势，自然呼吸3～8次。还原后，换另一侧重复此动作（图3－45）。

图3－45　连续动作

呼吸配合：

在完成这一姿势时自然呼吸。

意念引导：

感到背部肌群伸展，扩胸，肩部牵拉，腿部肌肉松弛，调整身体保持平衡。

锻炼功效：

伸展阔背肌，扩胸，增强肩关节的柔韧及灵活性。调整体位，增强平衡感。

注意事项：

腿、膝、肩、肘、臂等有伤病者，练习时要量力而行。最初可借助绳子，一只手握绳子的一端，让绳子沿着脊椎下垂，另一只手抓住绳子下端，两只手可越拉越近（图3－46）注意身体平衡，防止身体向一侧倾倒。

图3－46　简化练习

3. 半箭式

半箭式动作为一腿弯曲,一腿伸直(图3-47)。

图3-47　固定姿势

动作方法:

垫上直腿坐,脊柱尽量向上伸展。左腿屈膝靠胸,脚掌着地,脚跟尽量接近臀部,左手从外侧握住右踝。上体稍前屈,右手向前抓住右脚掌。右手将右脚拉起,右膝伸直,上体随之向上挺直,背部伸展、收腹、立腰,重心略后移。左手握左踝离地。保持这一姿势,自然呼吸4~8次,然后手脚分开,两腿伸直,直腿坐(图3-48)。再进行另一侧练习。

图3-48　连续动作

呼吸配合:

向上伸展脊柱时——吸气,身体略前屈手扶脚时——呼气,把脚抬起时——

吸气,保持姿势时——自然呼吸,放脚时——呼气。

意念配合:意念引导从下背部开始直立,感到收腹、立腰、背部的伸展,体会腿后肌群拉伸、脊柱伸长、身体平稳的感觉。

锻炼功效:

伸展脊柱,拉伸背部肌肉,促进其血液循环,提高腿部肌群的柔韧性。通过收腹、抬腿,对消化器官进行挤压、按摩,提高消化系统功能。通过自身重心的调整,提高人体平衡能力。

注意事项:

腿部柔韧性低下,不能使膝关节完全伸直时,允许略有弯曲。举腿时,要靠大腿前部肌群收缩腹部肌肉带动腿部的举起及控制,避免只靠手臂力量将腿抬起。双腿均离地时,要调整好身体重心,谨防后倒。

4. 前屈抱腿式

因手抱小腿,宛如抱着婴儿一般。这一坐姿常被作为搬腿类姿势的基础练习(图 3 - 49)。

图 3 - 49 固定姿势

动作方法:

简易坐,伸直脊椎,右腿放在左腿上。双手把右脚抬至胸前,右脚放在左臂弯曲处,右膝盖放在右臂弯曲处,双手指交叉抱右小腿,使右小腿尽量靠近胸部,宛如手抱一个婴儿一样。保持这一姿势,自然呼吸2～6次。两手分开,慢慢放下右腿(图 3 - 50)。

返回起始姿势后,休息片刻,换腿做。

图 3-50　连续动作

呼吸配合：

脊柱伸展时——吸气，手臂放下搬腿时——呼气，将腿搬起时——吸气，保持固定姿势时——自然呼吸，放下腿回原时——呼气。

意念配合：搬起腿时，髋、膝放松，手臂抱腿时，立腰、收腹，要像抱着婴儿一样，轻轻将腿抬起，又轻轻将腿放下。

注意事项：

搬腿的高度要视情况而定，要逐渐抬高腿的高度，以防腿部肌肉拉伤。最初两手不能相交抱腿时，允许两手分开。

5. 射箭式

因像拉满的弓箭而得此名（图 3-51）。

图 3-51　固定姿势

动作方法：

坐位，身体稍前倾，直背，两手分别体前抓住两脚大拇指，伸展脊椎，目视前方，右腿向外侧弯曲，躯干转向右边。注意抬头挺胸，向前看，仿佛正在瞄准前方的目标。左腿直，左脚勾，左手抓住左脚大拇指。重心位于两臀之间，保持这一姿势时，自然呼吸 3～6 次，还原后休息片刻，做相反方向的练习（图 3-52）。

图 3-52   连续动作

呼吸配合：

伸展脊柱时——吸气,抬腿转体时——呼气,保持固定姿势时——自然呼
气,腿还原时——呼气。

意念引导：

把意念集中在手脚,感觉自己的身体像拉扁的弓箭。

注意事项：

此姿势具有一定难度,不要勉强完成,以免拉伤身体。

(三) 坐姿前屈姿势

1. 束角式

束角式是瑜伽中较为典型的姿势,又称蝴蝶式。由于弯曲的两腿像蝴蝶而得此
名(图 3-53)。

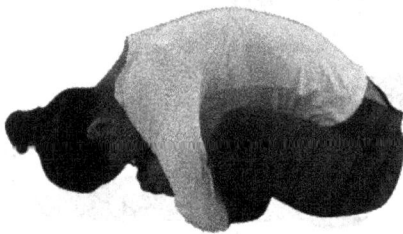

图 3-53   固定姿势

动作方法：

坐位,两腿屈膝,两脚心相对。两膝外展下压。两手抓脚,使脚跟靠近身体,
脊椎伸展。躯干从骶椎开始由下至上逐渐前倾,脊椎伸直,扩胸微前倾。当前倾
最大幅度时,上体放松,脊柱弯曲,两肘、两膝尽量外展下压。同时体会鼻尖、下
巴贴近地面的感觉。

保持这一姿势时自然呼吸 6~8 次(图 3-54)。

图 3-54　连续动作

呼吸配合：

抓脚坐好，脊椎伸展时——吸气，上体下压时——呼气，保持固定姿势时——自然呼吸，上体抬起时——吸气，放开手脚还原时——呼气。

意念引导：

在意念的引导下完成上述练习。体会由骶椎、腰椎、胸椎、颈椎逐渐向前伸展的感觉，在身体放松后，上体尽量贴地，把注意力集于腹部。

锻炼价值：由于采用膝外展的坐姿，增加了髋关节的灵活性，减轻大腿、膝、脚踝所承受的压力。通过有规律的呼吸，促进了腰腹部的血液流通，对于消除坐骨神经痛和防止疝气非常有益，对于有泌尿系统疾病的人来说，是一个较好的练习方法。

注意事项：

患有高血压和心脏病的练习者，不要使身体全部前俯到地上，控制到前倾45 度即可。动作熟练后，可增加动作幅度，如手臂前伸，手掌着地，手心向下。尽量伸展脊椎。如膝关节的柔韧性较差时可以降低动作难度。对身体柔韧性较好的可以增加动作难度并反复练习，以促进髋关节柔韧性的提高(图 3-55)。

低难度动作　　　　　　　　　加强式动作

图 3-55

2. 单腿交换伸展式(图 3 – 56)

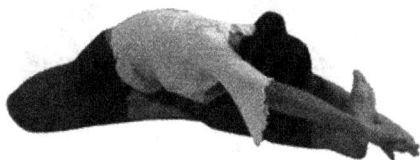

图 3 – 56　固定姿势

动作方法：

直腿坐，右腿屈膝向外打开，脚跟收至腹股沟部位，贴在左边大腿上段的内侧。左腿保持原状，脚尖向上勾起。慢慢吸气，两臂尽量上举，手指尽量上伸。慢慢呼气，上体逐渐向前弯曲，两手抓握左腿。放松颈部肌肉、背部肌肉、大腿肌肉，伸直背部、停留，自然呼吸 4～8 次。慢慢吸气，手臂上伸贴近耳朵，上体慢慢抬起，换另一侧练习。(图 3 – 57)。

图 3 – 57　动作连续

呼吸配合：

手臂上伸时——吸气，上体前屈时——呼气，保持固定姿势时——自然呼吸，上体抬起时——吸气，手臂放下时——呼气。

意念引导：

体会手臂上伸时尽量向上伸展并带动脊柱伸展。上体前屈时由骶椎、腰椎、胸椎、颈椎依次伸展前屈,体会整个背部肌肉被拉伸的感觉。当身体放松时,意念应集中在两眉之间,上体抬起时,体会背部由下至上的伸展过程。

锻炼功效:

促进腿部柔韧性的提高,促进背部的血液循环,滋养脊柱神经。上体的运动有助于提高消化系统的功能。

注意事项:

有背部疾患者,头不要贴紧膝关节。可以降低动作难度(图 3 - 58)。

图 3 - 58　简化动作

3. 坐前倾式(图 3 - 59)

图 3 - 59　固定姿势

动作方法:

坐位,两腿并拢前伸,两脚尖勾起,脚跟尽量用力前伸。收腹、立腰,两肩放松置于体侧,手心触地。

双臂慢慢向后上伸。上体尽量向上伸展。从骶椎开始向前倾,脊柱尽量伸展,手臂紧贴两耳。上体前倾到最大幅度时放松,前额尽量贴近大腿,手抓脚或踝。停留时,背部、腿部尽量放松,自然呼吸 4～8 次。上体慢慢抬起,手臂慢慢落下。练习可以反复进行(图 3 - 60)。

图 3 - 60　连续动作

呼吸配合：

背部伸展、手臂上伸时——吸气,上体前屈时——呼气,保持固定姿势时——自然呼吸,上体抬起时——吸气,手臂下落时——呼气。

意念引导：

体会手臂带动脊柱伸展,上体前倾时脊柱由下至上向前拉伸,体会脊椎既伸展又很放松的感觉。

锻炼功效：

通过脊柱伸展,增加脊椎的血液输送,增进脊柱的健康,恢复朝气。对治疗痔疮、便秘以及肾脏和肝脏功能失调有帮助,同时还能促进副交感神经系统兴奋。

注意事项：

背部有伤者慎做。不要勉强,感到不舒服时即停止,以减缓拉伸程度。高血压患者,做此动作时让脊椎保持伸直,与腿部成 45 度角即可。在初学期间,可降低难度,如提高坐位高度,借助绳子等(图 3 - 61)。

图 3 - 61　降低动作难度

4. 坐角式(图3－62)

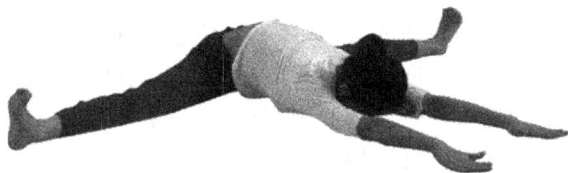

图3-62　固定姿势

动作方法：

坐位，两手在体前撑地，两腿伸直，尽量分开，脊椎向上伸展。上体前倾，背伸直，头、颈与躯干保持一致，手臂向前推进。上体前屈到最大幅度，躯干放松，尽量贴近地面。停留，自然呼吸4～8次。上体慢慢抬起，同时保持脊柱伸展，然后放松身体(图3－63)。

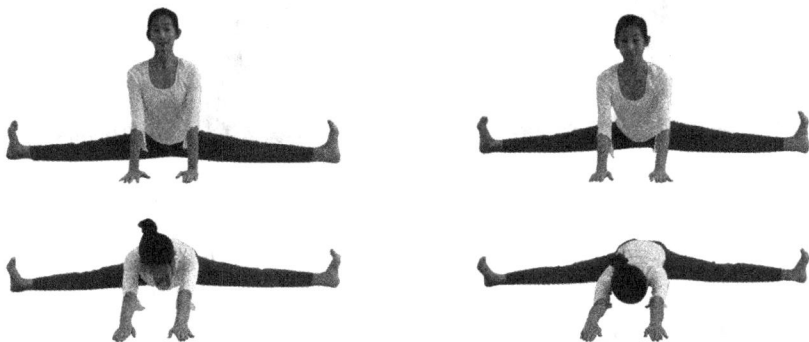

图3-63　连续动作

呼吸配合：

分腿坐地伸展时——吸气，上体前屈时——呼气，保持上体前屈姿势时——自然呼吸，上体慢慢抬起时——吸气，上体放松时——呼气。

意念引导：

分腿坐后感到两腿放松，两腿后肌群拉长。上体前屈时，感觉到由骶椎到颈椎脊柱逐渐向前向下运动，体会背部肌肉的拉伸，随着上体向下，而感受盆腔内器官受到挤压与按摩，盆腔血液循环在加强。

锻炼功效：

加强骨盆区域的血液循环，促进生殖器官的健康。背部得到很好的伸展，肌肉弹性增加,髋部、腿部柔韧性、灵活性增强。伸展腿后肌群,放松髋部,可以缓解坐骨神经痛。

注意事项:

对于患有高血压和心脏病的人,头部不要低于心脏,也可以在身体前倾时用手撑地面,脊椎与双腿成45度。如果背部肌肉过于僵硬,可垫高臀部,减缓对背部的过度拉伸。如大腿内侧或后背肌肉紧张,可以稍屈膝关节,减少动作难度。对于身体柔韧性好的练习者可增加动作难度(图3-64)。

图3-64 增加难度连续动作

（四）坐姿侧屈

1. 坐位侧弯式（图 3 - 65）

图 3 - 65　固定姿势

动作方法：

盘腿坐（即简单式），右手靠近右侧臀部，置于垫上，左臂侧伸上举。身体右侧屈，左臂随之向右伸展。保持这一姿势，自然呼吸 4～8 次。身体慢慢回位，手臂慢慢落下。休息片刻后，交换另一侧进行练习（图 3 - 66）。

图 3 - 66　连续动作

呼吸配合：

手臂上举时——吸气，身体侧屈时——呼气，保持固定姿势时——自然呼吸，身体回正时——吸气。

意念配合：

身体侧屈时，感受一侧肢体被拉伸，另一侧肢体被挤压。

锻炼功效：

牵拉身体两侧肌肉、韧带，并增加脊柱的柔韧性。

2. 门闩式

因外形似门闩，故得此名（图 3 - 67）。

图 3 - 67   固定姿势

动作方法：

跪立，右腿同侧伸直，右脚掌着地，两臂侧平举（吸气）。躯干右屈，右臂随之右下摆，躯干和右臂右屈靠右腿，左臂随之上举并经上向右摆，并与右掌相合（呼气）。保持这一姿势，自然呼吸 4~8 次。然后双臂慢慢还原，右腿回位（图 3 - 68）。稍息后进行反方向练习。

图 3 - 68　连续动作

呼吸配合：

脚侧伸时——吸气，身体侧屈时——呼气，保持固定姿势时——自然呼吸，躯干抬起回位时——吸气，手臂放下脚回位时——呼气。

意念引导：

体会躯体两侧及肩部的充分拉长与收缩的感觉。

锻炼功效：

提高脊柱的柔韧性。身体侧向弯曲，有助于消除腰部脂肪。

（五）坐姿扭转姿势

1. 简化脊柱扭动式

简化脊柱扭动式是进行脊柱扭转练习的简单练习法（图3-69）。

图3-69 固定姿势

动作方法：

直腿坐，两手体侧撑，右手移至左手侧，两手逆时针转180度，指尖向后，右脚置左膝外侧，头及脊柱转向左后。保持这一姿势，自然呼吸，还原后再进行另一侧练习（图3-70）。

图3-70 连续动作

呼吸配合：

坐直脊柱伸展时——吸气，脊柱扭转时——呼气，保持姿势时——自然呼吸,脊柱回位时——吸气。

意念引导:

体会头部带动脊柱扭转的感觉。

锻炼功效:

适用于脊柱活动受限者恢复脊柱机能,有助于消除较轻的背痛。

注意事项:

这个姿势虽然最简单但练习者也不可大意,动作要渐进式进行,当能顺利完成这一动作时再尝试另一种练习(图 3 - 71)。

图 3 - 71　简化脊柱扭转式

2. 半莲花扭动式(图 3 - 72)

图 3 - 72　固定姿势图

动作方法：

两脚并拢直腿坐，右腿屈膝，右脚放在左侧腹股沟处，躯干左转，左臂尽量背伸，右手尽量前伸，放在左脚前，头尽量左转。保持这一姿势，自然呼吸 4～8 次，上体回转，右腿回原位成开始姿势。稍息后，反方向练习（图 3－73）。

图 3－73   连续动作

呼吸配合：

坐地，屈膝脊柱伸直时——吸气，脊柱扭转时——呼气，保持固定姿势时——自然呼吸，身体回位时——吸气，腿放下回位时——呼气。

意念引导：

意念引导脊柱的扭转，感受背部、腰部肌肉的拉伸。

锻炼功效：

通过脊柱的扭转，增加脊柱柔韧度，由于拉伸腰背肌肉，可以缓解腰背疼痛，增加肠胃蠕动，提高消化系统功能。

注意事项：

脊柱扭转时的速度与力度应由慢到快，由小到大。右腿所放位置应量力而行。对髋部柔韧性较差者，可选择简化脊柱扭动式 2 进行练习。

3. 坐姿扭转式

坐姿扭转式是瑜伽中较为常用的练习方式(图 3-74)。

图 3-74　固定姿势

动作方法：

直腿坐,脊柱伸展,右腿弯曲平放右脚,尽量使右脚跟贴近左胯。左腿屈置右腿的外侧,左脚跟尽量靠近臀部。左手尽量体后撑地。右臂伸直,手心向前放于左大腿的外侧,脊柱保持在正中位左转,眼看左后方。保持这一姿势,自然呼吸 3~8 次。回位,换另一侧练习(图 7-75)。

图 3-75　连续动作

呼吸配合：

脊柱向上伸展时——吸气,脊柱扭转时——呼气;保持固定姿势时——自然呼吸,脊柱回位时——吸气,身体放松还原时——呼气。

意念引导：

意念引导脊柱扭转，脊柱位于正中位，体会脊椎由下至上扭转的感觉。

锻炼功效：

对神经系统有较好锻炼效果，可以挤压、按摩腹部器官，促进肠蠕动，挤压迷走神经和自治神经系统的根部，增加背部肌肉的血液循环。对治疗轻微的脊椎错位有帮助。

注意事项：

做脊柱扭转动作时，要慢且渐进进行。对脊椎有伤者，练习前应咨询医生，若允许练习，最好从简易扭转式开始。练习时应使脊椎伸展，并保持正中位。

4. 圣哲玛里琪第一式(图 3 - 76)

图 3 - 76　固定姿势

动作方法：

直腿坐(吸气)，左腿屈膝，脚跟靠近臀部，全脚掌着地，并垂直于地面。上体稍屈，头左转，左腋窝贴在左小腿胫骨，左右手于腰背部相握。保持这一姿势，自然呼吸 3~4 次后，如身体柔韧程度允许，身体再尽量前屈。保持此姿势 3~4 次呼吸。还原稍事休息后，反方向练习(图 3 - 77)。

图 3 - 77　连续动作

呼吸配合：

背挺直时——吸气,上体前屈时——呼气,保持固定姿势时——自然呼吸,抬起上体时——吸气,还原时——呼气。

锻炼功效：

由于腹部内脏器官受到挤压,使膈肌血液循环增加,这有助于内脏器官的健康。患有支气管炎、肠胃病的人,练习时会受益。这一姿势有强化背部、肩膀、双臂和双腿肌肉的作用。

注意事项：

这一姿势对肩、臂、背、腿的柔韧性要求较高,练习时不要勉强,以避免损伤。

三、跪姿瑜伽

跪姿瑜伽是瑜伽练习中较为重要的练习之一。

1. 猫伸展式

猫伸展式是简单而温和的脊柱伸展练习,是很多后仰姿势的基础练习(图3-78)。

图 3-78　固定姿势

动作方法：

跪坐,伸直背部。两手在体前撑地,成四肢支撑的姿势,翘臀凹背、挺胸、抬头、塌腰,尽量增加背部下端的弧度。保持这一姿势,自然呼吸 2～4 次。低头,尽量弓起背部、两臂伸直,尽量向上顶肩。保持这一姿势,自然呼吸 2～4 次。此姿势可重复练习(图 3-79)。动作熟练后可做"全猫"伸展。

图 3-79 连续动作

全猫伸展：手向前推移，直到你的额头贴着地面为止。臂部尽量上翘，塌腰，（图 3-80）。

(1)　　　　　　　　(2)　　　　　　　　(3)

(4)　　　　　　　　(5)

图 3-80 连续动作

呼吸配合：

凹背时——吸气，保持姿势时——自然呼吸，凸背时——呼气，姿势保持时——自然呼吸，向前伸展时——吸气，保持姿势时——自然呼吸，后坐放松时——呼气。

意念引导：

意念引导脊柱凹与凸，背凹时好似猫伸腰，背凸时，好像猫弓背。全伸展时腰、背、肩都应感到在充分拉伸。

锻炼功效：

放松背部，缓解背部疼痛和疲劳。特别是全猫伸展式，对腰部具有独到的功效。通过脊椎的凹凸活动，增加脊椎的灵活性，改善脊椎和脊椎神经的血液供应。通过扩胸，有利于呼吸系统的健康。此练习有利于减缓便秘症状。

注意事项：

对颈椎病患者，尽量减缓颈部的活动。对腰椎间盘突出的患者，要缓慢进行，体会腰部感觉，若有不适马上停止。

2. 虎式

虎式是在猫伸展式基础上的一种变换式，好似老虎在奔跑（图 3-81）。

图 3-81　固定姿势

动作方法：

跪姿，臀部落坐于脚跟上，脊柱伸直，两手撑地，两眼向前平视，左腿向后伸展，塌腰，尽量上抬左腿，保持此姿势，自然呼吸 4～8 次。拱背的同时屈左腿贴近胸部（图 3-82）。虎式也可进行变化，第一种变化是后抬腿时不要太高，头、躯干、脚呈一线（图 3-83）。第二种变化：后抬腿时允许弯曲，头尽量后仰（图 3-84）。第三种变化：抬起异侧手臂和腿，提高平衡能力（图 3-85）。

(1)   (2)

(3)   (4)

图 3 - 82   连续动作

(1)   (2)

(3)   (4)

图 3 - 83   第一种变化连续动作(降低难度)

(1)   (2)

(3)   (4)

图 3 - 84   第二种变化连续动作(加强难度)

（1）　　　　（2）　　　　　　　（3）

（4）　　　　　　　　（5）

（6）　　　　　　　（7）

图 3-85　第三种变化连续动作（加强难度）

呼吸配合：

抬腿时——吸气，屈膝收回时——呼气，保持姿势时——自然呼吸。

意念引导：

体会自己像老虎一样奔跑，举腿时体会脊柱的背伸，屈腿时体会脊柱的前屈。

锻炼功效：

通过脊柱的伸展运动，强壮脊柱神经和坐骨神经。减少髋部和大腿区域的脂肪，有助于产后恢复。

注意事项：

虎式有基本形式和三种变化形式，练习时可先易后难，也可根据自己的身体状况进行练习。

3. 骆驼式

因英文名称有骆驼的意思,故称骆驼式(图3-86)。

图3-86　固定姿势

动作方法:

跪坐,直体跪立,体后弯,左手扶左脚后跟,右手扶右脚后跟,头颈放松,充分伸展颈部,扩胸,拉伸大腿肌肉。保持这一姿势,自然呼吸3~8次。腹肌收缩将脊柱拉回到垂直姿势(或按完成时的顺序依次还原)(图3-87)。

(1)　　　　　(2)　　　　　(3)　　　　　(4)

(5)　　　　　(6)

图3-87　连续动作

呼吸配合：

体后屈时——吸气，保持固定姿势时——自然呼吸，身体还原时——呼气。

意念引导：

体会大腿、肩部、髋部、脊柱、胸部、头颈的拉伸与扩展，意念引导挖掘自身的潜能。

锻炼功效：

这一姿势可伸展和强壮脊柱，通过脊柱弯曲，增加脊椎的弹性，滋养脊椎神经，促进血液循环，使脊柱重新充满活力。它有助于纠正驼背、肩下垂等不良体态，改善坐姿和站姿。通过头后仰，放松颈部，对哮喘、支气管炎和其他呼吸道疾病有保健作用。

注意事项：

脊椎有外伤或颈部有问题的练习者，慎练，注意避免颈部后弯。刚开始练习时可进行简化练习（图3-88）。

(1)　　　　　　(2)　　　　　　(3)

图3-88　简化连续动作

4. 榻式（图3-89）

图3-89　固定姿势

动作方法：

直体分腿跪坐，两手放在两腿上，躯干慢慢后仰（呼气），两肘随之撑地，胸部挺起，伸展颈部，用头顶地把颈项和胸部挺起，背成拱形，两臂头上相交互抱。保持这一姿势，自然呼气。背、颈放松，慢慢滑躺在地面上，松开双手（吸气）。还原（图3-90）。

图3-90 连续动作

呼吸配合：

身体后倒时——呼气，保持姿势时——自然呼吸，身体回到地面时——吸气。

意念引导：

感受腿部伸展、背部伸展、颈部伸展，扩胸，刺激甲状腺部位。

锻炼功效：

伸展腿部肌肉，缓解腿部疲劳。伸展胸腹，同时有助于调整甲状腺机能水平。

注意事项：

饭后不宜立即练。

5. 狗伸展式(图 3 - 91)

此式因模仿狗伸展的姿势而得名。

图 3 - 91　固定姿势

动作方法：

跪姿,上体前倾,两手撑地,形成四肢着地的姿势(呼气),手向后推,臀部向上顶,腿伸直,足跟向下压到地面,身体重心均匀放至手足之间,将胸向后方拉,放松头部和颈部,眼睛视脐部,收腹。保持此姿势自然呼吸 3～6 次,腿弯曲,呈手撑,还原至双跪姿(图 3 - 92)。

(1)　　　　　　(2)　　　　　　　　(3)　　　　　　　(4)

图 3 - 92　连续动作

呼吸配合：

上体前倾四肢撑地时——呼气,保持固定姿势时——自然呼吸,身体回落时——呼气。

意念引导：

当臀部抬起后,注意力应集中于腿、背、肩部的伸展。

锻炼功效：

通过伸展肩、背、腿部肌肉及韧带,从而增加脊椎、腿部、肩部的弹性。由于体位改变,使头部血流量增加,更好的滋养大脑。此种反向姿势,有利于心脏和呼吸系统的休息,可以缓解哮喘。向上顶臀时收紧腹肌,可以增强腹部各器官的机能。

注意事项:

患有高血压或心脏病者在练习时,头的位置不宜低于心脏,可选择手撑墙练习。

6. 新月式(图 3 - 93)

图 3 - 93　固定姿势

动作方法:

跪姿,两手撑地,右腿向前抬起,屈膝全蹲,脚掌踏地,脚趾向前方,重心在右脚上,左腿伸直脚背着地,上体抬起,双手合十。上体后屈,使脊椎得到最大的伸展,眼看前方(图 3 - 94),两腿交换。

(1)　　　　　　(2)　　　　　　　(3)

(4)　　　　　　　(5)

图 3 - 94　连续动作

呼吸配合：

上体前屈手撑地时——呼气,身体向后伸展时——吸气,保持固定姿势时——自然呼吸,身体还原时——呼气。

意念引导：

要感觉脊柱在拉伸,髋部、腿部、腹部在拉伸。

注意事项：

脊椎向后伸展时,上体要平稳。动作幅度要根据自己的情况,避免肌肉拉伤。

7. 鸽子式（图 3-95）

图 3-95　固定姿势

动作方法：

跪姿,左腿向后伸、伸膝、绷脚,与右胯保持一致。右腿屈膝,臀部坐在右脚的外侧,右脚跟靠近腹股沟的左侧。手扶在身体两侧,伸背,髋、肩尽量保持平行。左腿弯曲,身体后仰。如果能轻易完成这一姿势后,手臂经头部上方握左脚,使左脚向头部慢慢靠拢。保持这个姿势,呼吸4~8次后,再换右脚重复此动作（图 3-96）。

图 3-96　连续动作

呼吸配合：

上体后伸展时——吸气，保持固定姿势时——自然呼吸，上体还原时——呼气。

意念引导：

在脊柱后屈时肩、背、髋、腿部有被拉伸的感觉，体会控制身体平衡的感觉。

锻炼功效：

伸展腿、胯、腰、背、肩部，调理其机能状态，增加盆腔器官的血液供应，预防和缓解坐骨神经痛。

注意事项：

由于动作对身体的柔韧程度、平衡控制能力有较高的要求，不要一步到位，可将动作分解，先易后难，分步完成。当一个动作完成后，要反复练习，以保证其练习效率。根据年龄和体质状况，也可降低练习难度（图 3 - 97）。

图 3 - 97　简化动作连续

四、卧姿瑜伽

卧姿是人体最舒适的一种体位。它改变了人体的受力点和血液流动的阻力,对人体内脏器官的营养增加。

(一) 卧姿屈体姿势

1. 上伸腿式(图 3 - 98)

图 3 - 98　固定姿势

动作方法:

由仰卧开始。两臂上伸举至头上。保持这一姿势,自然呼吸 1～2 次。慢慢抬起双脚约 25 度。保持这一姿势,自然呼吸 3～6 次。两腿继续上举至约 45 度,保持这一姿势,自然呼吸 3～6 次。两腿继续高举至 90 度,保持这一姿势,自然呼吸 4～10 次(图 3 - 99)。慢慢将双腿直膝落下。此练习可重复多次。

(1)

(2)

(3)

(4)

图 3 - 99　连续动作

呼吸配合：

手臂上伸时——吸气,保持固定姿势时——自然呼吸,腿上举时——呼气,保持固定姿势时——自然呼吸。

意念引导：

意念关注于腿部上举时腿部肌肉、腰腹肌肉和腰背肌的收缩。

锻炼功效：

由于举腿时腹部、腰背部、腿部肌肉收缩,增强其肌肉的力量。这一姿势有助于消除腰部、腹部的脂肪。增强腹部内脏功能,刺激消化器官产生运动,缓解便秘,减少患胃肠疾病的可能。

注意事项：

对一些肌力较弱的练习者,很难连续完成三个不同高度的举腿,可采用某一种高度进行练习,待能完成简单动作后,再进行难度较高的练习。

2. 蹬自行车式

此式因模仿自行车时的姿势而得此名(图 3 - 100)。

图 3 - 100   固定姿势

动作方法：

由仰卧开始。两腿伸直,慢慢上举至与身体成90度。两腿向前交替划立圆,如蹬自行车的动作。向前做10～20次,再向后做10～20次(图3-101)。

图3-101　连续动作

呼吸配合：

腿做蹬车动作时——自然呼吸。

意念引导：

感觉蹬自行车的规范动作。

锻炼功效：

通过两腿有序的屈伸,增强膝关节的灵活性,增加腿部肌肉和组织的血液循环,提高腹腔内器官的机能。

注意事项：

这一动作活动量较小,适于初学者和老年人。

3. 船式

因完成动作时身体姿势像船一样,故得此名(图3-102)。

图3-102　固定姿势

动作方法:

由仰卧开始。膝关节弯曲,全脚掌着地,上体慢慢抬起45度,两手前伸,与地面平行,随后大腿不动,小腿上举,使身体成"对勾状"。此姿势保持一定时间后,慢慢还原,可反复进行练习(图3-103)。

图3-103　连续动作

呼吸配合:

举腿时——吸气,保持固定姿势时——自然呼吸时,身体还原时——呼气。

意念引导:

意念集中于脊椎的伸展、腿部的控制上,头、颈、脊椎保持在一条直线上。

锻炼功效:

强化腹部肌肉、腿部肌肉的力量,提高腰背肌的控制能力。有助于胃肠的蠕动,促进消化功能,增强身体的平衡能力。

注意事项：

此练习对腰腹肌、腿部肌肉提出了较高的要求，强度较大。所以刚开始练习时，保持固定姿势的时间不宜太长，可采用短时间，多重复的练习方式进行。

4. 拱背伸腿式（图 3 - 104）

图 3 - 104　固定姿势

动作方法：

由仰卧开始。挺胸拱背，即胸向上顶起，帮助背部抬离地面，手臂下压，头颈部位置保持不变、头后仰用头顶抵住地面，伸展颈部，这样打开喉咙、伸展颈部，胸部也被打开，手肘仍保持在身体两侧。保持这一姿势，自然呼吸 3～4 次；腿向上抬起 40～50 度。两手相合，抬起手臂与腿平行，自然呼吸（图3 - 105）。

图 3 - 105　连续动作

呼吸配合：

挺胸抬头时——呼气，保持固定姿势时——自然呼吸，抬腿时——呼气，保持固定姿势时——自然呼吸。

意念引导：

在意念的引导之下进行练习，首先体验扩胸抬头时的胸腔呼吸畅通，肩部、背部紧张释放的感觉。体验抬头时对喉部的刺激和抬腿时腹部肌群和腿部肌肉的收缩用力。

锻炼功效：

扩胸，为深呼吸创造更好的条件，对患有呼吸道疾病的人有益处。调节甲状腺机能，促进人体的新陈代谢。放松背部、肩部，并滋养脊椎神经。增强腰腹、腿部肌力，促进消化功能。

注意事项：

开始抬头时可以借助手肘支撑，当身体稳定时在将头部抬起。另外，抬头的幅度，不要过大，避免颈椎受伤。由于这个动作是上体挺而下肢收，因此对人体要求较高。最初练习时可将上体、下肢动作分分解进行练习，当动作熟练后，再做整套动作练习（图3-106）。

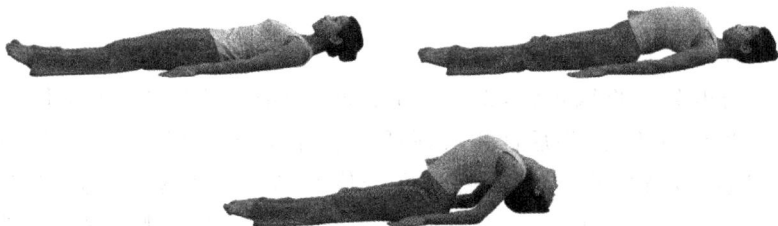

图3-106 单独上体练习

（二）卧姿扭转姿势

1. 卧姿单腿扭转式（图3-107）

图3-107 固定姿势

动作方法：

由仰卧开始。左腿伸直，右腿屈膝，左手扶右膝，搬动右膝向身体的左侧转动，将左腿平置于身体左侧地面，保持这一姿势（图3－108）。还原后再进行反方向练习。

图3－108　连续动作

呼吸配合：

单腿转体时——吸气，保持姿势时——自然呼吸，腿部回正时——吸气。

意念引导：

意念集中在体验肩部、背部、腰部、髋部，因身体扭动而产生的牵拉感觉。

锻炼功效：

对腰部、背部、肩关节有很好拉伸作用，增强其各关节的柔韧性，促进机体的血液循环。

注意事项：

腰背有伤者，酌情练习。当轻松完成此练习后，可在此基础上选择难度较大的练习（图3－109）。

图 3 - 109　提高动作难度

2. 摇摆式（图 3 - 110）

图 3 - 110　固定姿势

动作方法：

由仰卧直腿开始。两臂平放体侧，两腿屈膝举腿，大腿尽量贴到胸部，带动腰椎向左转动，此姿势稍停留，下肢还原。继续向右扭转，再回正。此动作可反复进行（图 3 - 111）。

图 3-111　连续动作

呼吸配合:

下肢左转时——呼气,下肢回正时——吸气,下肢右转时——吸气,下肢回正时——吸气。

意念引导:

感觉腰背部的柔和拉伸,宛如在做被动的拉伸按摩。

锻炼功效:

柔和的牵拉腰背部肌肉和韧带,促进其血液循环,缓解背部的疼痛。由于收腿屈膝,使腹部内脏器官受到挤压,促进消化器官的蠕动。强化腿部肌肉力量。

注意事项:腰背部有伤者应慎选此练习方式,下肢左右扭转时应采用匀速运动,下肢始终保持在同一收缩水平上。

(三) 俯卧伸展姿势

生活中的许多动作,都是屈体动作,如系鞋带,看书,从地上捡拾东西等。这些自觉不自觉的动作,对人体的危害是潜在的,多发的,如驼背,背部疼痛,脊椎弯曲等都会对人体的健康产生影响,降低生活质量。通过瑜伽俯卧伸展的练习,可以大大改善上述状况。

1. 眼镜蛇式

这一姿势的外形很像眼镜蛇,故此得名(图 3-112)。

图 3-112 固定姿势

动作方法:

由俯卧开始。双腿伸直并拢,两臂置于体侧。头慢慢后抬,整个动作要慢慢吸气。当头抬至最大幅度时,两手置于胸前,慢慢将身体推起来,使背部继续上升成反弓。保持这一姿势,自然呼吸 4~8 次(图 3-113)。再呼气,身体慢慢还原。此动作可反复进行练习。

(1)   (2)   (3)

(4)   (5)   (6)

（7）　　　　　　（8）　　　　　　（9）

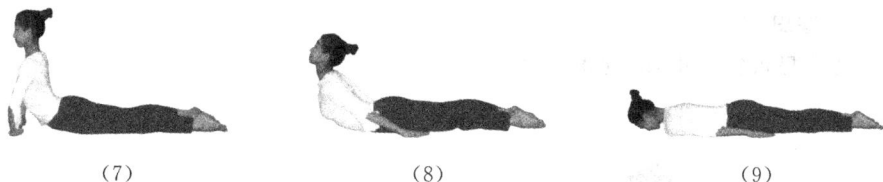

图 3-113　动作顺序

呼吸配合：

上体抬起时——吸气,保持固定姿势时——自然呼吸,上体回原时——呼气。

意念引导：

好像有一种力量将头向后上方牵拉,从而带动脊柱从下端第一节开始逐节向上抬起。还原时,感觉从脊柱下端依次回位。

锻炼功效：

脊柱依次有序伸展、还原,增加脊椎的弹性和灵活性,促进了脊神经的血液循环,更好的滋养脊神经系统。脊柱的伸展需要背部、颈部肌肉的收缩,增强了背部、颈部肌肉的力量,并缓解、消除背部僵硬与紧张感。有助于消化系统、生殖系统机能水平的提高。

注意事项：

脊柱伸展程度要根据自己的身体情况而定,不要勉强完成。颈部有伤者不要抬头,甲状腺机能亢进者尽量不要进行此项练习。如果轻松完成此练习,可再选择更为复杂的练习方式进行练习(图 3-114)。

（1）　　　　　　（2）　　　　　　（3）

（4）　　　　　　（5）　　　　　　（6）

图 3-114　变化连续动作

2. 蝗虫式

此姿势很像蝗虫,故此得名(图3－115)。

图3－115　固定姿势

动作方法：

由俯卧开始。颈部、背部、臀部、大腿后部肌肉收缩,从而使头颈、上体和四肢上翘起,形成只有髋部、腹部着地的姿势。保持这一姿势,自然呼吸2～6次(图3－116)。胸部、双臂和头部依次还原,然后双腿、脚回位。此练习可重复进行。

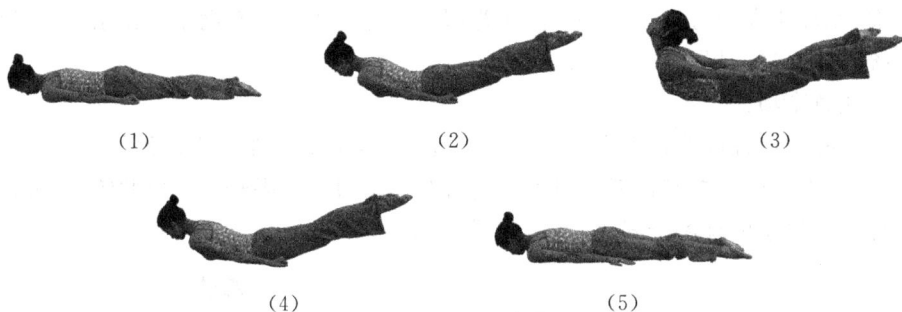

(1)　　　　　　　　　(2)　　　　　　　　　(3)

(4)　　　　　　　　　(5)

图3－116　连续动作

呼吸配合：

身体向上翘起时——吸气,保持固定姿势时——自然呼吸。

意念引导：

在意念的引导下,翘起四肢及上体,感觉自己像飞翔一样,身体翘起后,意念集中于腹部。

锻炼功效：

由于刺激腹腔、盆腔,有益于调理盆腔、腹腔内器官的神经系统功能,促进消化器官、泌尿器官、生殖器官的健康。伸展背部,可以缓解背部、腰部疼痛,患有腰椎间盘突出的人常进行此练习也有益处。

注意事项：

身体后翘起要缓慢而有序,猛抬上体,易造成身体受伤。为了提高练习效率和兴趣,可进行变化式练习(图 3-117)。

（1）　　　　　　　　（2）　　　　　　　　（3）

图 3-117　变化连续动作

3. 弓式

弓式动作的外形很像用于射箭时的弓,故得此名(图 3-118)。

图 3-118　固定姿势

动作方法：

由俯卧开始。两臂平放于体侧,双腿并拢,脚尖伸直。屈膝,两小腿尽量收回,同时依次抬头、抬肩、抬胸,两手后伸,抓两脚或两脚踝处,尽量把双膝拉高,躯干尽量翘起,背部成凹形,头部尽量后抬。保持这一姿势,自然呼吸3~8次(图 3-119)。还原时,慢慢放下上身,松开双脚,双腿还原。

（1）　　　　　　　　（2）　　　　　　　　（3）

图 3-119　连续动作

呼吸配合：

双手抓脚向上抬身体时——吸气，保持固定姿势时——自然呼吸，身体落下还原时——呼气。

意念引导：

体会手抓住脚跟带动髋部伸展的感觉。体会背部肌肉伸展，肩、髋关节的放松，对身体相关穴位刺激而引起内分泌系统机能增强的感觉。

锻炼功效：

增强脊椎的弹性，纠正脊柱弯曲，使胸部和腹部肌肉力量得到强壮，髋部、肩部、颈部肌肉以及关节得到放松。增加腹部器官的血液循环，促进消化，有益健康。能刺激和增强各内分泌腺体的机能。

注意事项：

练习时应循序渐进，如先进行眼镜蛇式或蝗虫式练习，再进行弓式练习。对脊椎受伤者或患甲状腺肿大者慎做此练习。

4. 上犬式

因姿势像一只上体抬起狗的姿势，故得此名（图 3 - 120）。

图 3 - 120 固定姿势

动作方法：

由俯卧开始。两腿稍分开，两手放在胸部两侧撑地，抬头、抬上体，两臂伸直使脊柱和颈部尽量向后伸展。臀大肌收紧，腿部绷直，膝关节伸直，两脚脚背撑住地面、全身重量应落在双手和两脚的脚背上面。保持这一姿势，自然呼吸 4～10 次（图 3 - 121）。两臂慢慢屈，上体慢慢回位。

图 3 - 121　连续动作

呼吸配合：

上体抬起时——吸气,保持固定姿势时——自然呼吸,身体还原时——呼气。

意念引导：

在意念引导下进行练习,感觉从颈部、胸部、腰部的逐渐伸展过程,及臀部、腿部肌肉紧张与放松交换的感觉。

锻炼功效：

此练习通过伸展动作,缓解背部、肩部、腿部肌肉的紧张与僵硬状态。促进胸腔内脏器官的健康水平。对于坐骨神经痛、腰部风湿痛等病证也有一定疗效。

注意事项：

在练习此式前,最好先练习眼镜蛇式,从而更好的掌握上犬式。如果用脚面着地感到难以完成时,可降低动作难度(图 3 - 122)。

图 3 - 122　降低难度

5. 蛇击式

因此式很像蛇前行时的动作,故得此名(图3-123)。

(1)　　　　　　　　(2)　　　　　　　　(3)

(4)　　　　　　　　(5)　　　　　　　　(6)

(7)　　　　　　　　(8)　　　　　　　　(9)

(10)　　　　　　　　(11)

图3-123　连续动作

动作方法:

由跪姿开始。手臂前伸,两臂屈臂撑地,身体贴地前移,抬头挺胸,当胸部不能向前时,两臂伸直,上体逐渐抬起。保持姿势一定时间后,返回初始姿势。

呼吸配合:

身体前移抬起时——吸气,保持固定姿势时——呼气,身体还原时——呼气。

意念引导:

意念引导身体从最上端的颈椎开始逐渐伸展前移,还原时体会到从最下端的椎骨开始逐渐放松回位的感觉。

锻炼功效:

对缓解背部疼痛、腰椎间盘突出和坐骨神经痛有一定的康复作用,同时此练习也有助于内脏器官及生殖器官的健康。

注意事项：

此姿势既需要脊柱较好的柔韧性，又需要手臂一定力量所以动作要缓慢渐进进行，不可突然用力，或动作大起大落。只要坚持锻炼，手臂力量也会随之提高。

6. 桥式

因此姿势外形像一座小桥，故得此名，也称为轮式（图3－124）。

图3－124　固定姿势

动作方法：

由仰卧开始。两腿分开与肩同宽，腿屈，脚掌着地。手掌向下，手臂伸直放在体侧，随着双脚向下用力撑地，抬起臀部，使身体呈膝高、头低的斜坡形，双手扶腰，尽量挺胸，梗头。随后双手翻掌头后撑地，手掌下压，伸直手臂，脚用力蹬地，使身体呈"桥形"，保持这一姿势。随后屈肘，慢慢低头，枕部、背部依次着地，返回原姿势（图3－125）。

（1）　　　　　　　　　　（2）　　　　　　　　　　（3）

（4）　　　　　　　　　　（5）　　　　　　　　　　（6）

图3－125　连续动作

呼吸配合：

准备时——自然呼吸,手脚用力支撑成桥时——吸气,保持固定姿势时——自然呼吸,还原时——呼气。

意念引导：

意念集中在每一个环节上,体会肌肉韧带拉伸的同时,也尽力感受腹轮、心轮、喉轮所受到刺激。

锻炼功效：

提高相关关节的柔韧性和肌肉力量。

注意事项：

高血压和心脏病患者,不适于这一练习。练习时,动作不易过快过猛,以免脊柱受到伤害。尚无能力完成全套动作时,或颈部有伤者,可采用简化桥式练习(图3-126)。

(1)　　　　　　　　　　　　　　　(2)

(3)　　　　　　　　　　　　　　　(4)

图3-126　简化动作

五、平衡姿势瑜伽

平衡是瑜伽的一个基本要求。开始获得平衡时只是一种感受,通过平衡姿势瑜伽的练习去体会平衡。

1. 树式

树式是瑜伽中较为典型的平衡姿势,动作因宛如大树一样挺拔、稳固而得名(图3-127)。

图 3-127　固定姿势

动作方法:

由山式开始。右膝弯曲,置于左大腿内侧,右脚最好放在左腹股沟处。脚趾向下,膝和髋部打开。左脚用力抓住地,支撑腿用力,躯干挺拔,双手放在胸前合十后,直臂上伸,举过头顶,保持姿势(图3-128)。还原,反向练习。

　　（1）　　　　　　（2）　　　　　　（3）　　　　　　（4）

图 3-128　连续动作

　　呼吸配合：

　　手臂向上伸展时——吸气，保持平衡姿势时——自然呼吸，手、腿放下时——呼气。

　　意念引导：

　　支撑脚趾尖张开用力抓地，仿佛自己宛如树根一样深深扎入泥土中。腿部肌肉用力，收腹、收臀，脊柱挺拔。感觉自己像树干一样挺拔、坚固。手臂向树枝一样向上生长。总之，感到自己的平衡姿势，像参天大树一样稳固、挺拔、自如。

　　锻炼功效：

　　此姿势促进人体神经系统的机能的稳定，提高人体平衡能力。在调理腿、膝、踝和脚同时，增强了下肢力量。有利于腰腹、脊背平衡能力的提高。脊柱充分伸展，有利于脊柱的健康。

　　注意事项：

　　树式是平衡姿势中较为简单的一种，可作为平衡姿势的首选练习。最初练习时，不必将腿抬得太高，感觉舒适即可。当有了一定基础后，再逐渐增加高度和难度。高血压、心脏病患者，慎选此练习。

2. 舞蹈式

　　舞蹈式是根据舞者名字而得名（图 3-129）。

图 3-129　固定姿势

动作方法：

由山式开始。左臂前举至与肩同高的位置，右腿弯曲向后抬，右手抓握右脚外侧，左腿支撑，保持身体平衡。左臂前平举，右手用力拉举右脚，右臂向后伸至与肩膀同高的位置，使两臂前后平行，保持这一姿势。右手继续向后上拉右腿，同时右臂向内旋至右后上，左臂继续前伸，随着腿的后举，身体重心稍前移，保持这一姿势（图 3-130）。还原后，再进行反方向练习。

（1）　　　　　　（2）　　　　　　　　（3）　　　　　　　　　　（4）

图 3-130　连续动作

呼吸配合：

腿部抬起时——吸气，保持固定姿势时——自然呼吸，腿部落下时——呼气。

意念引导：

感觉支撑腿好似树根一样深深扎入泥土中。支撑腿伸直，并随抬起腿而稍微后移，腿后肌群有牵拉感。两手臂向相反方向的用力，维持着身体的平衡。随抬腿高度的上升，髋部的伸展，背部肌群感到牵拉和绷紧。

锻炼功效：

增强身体的力量和柔韧性。提高人体神经系统的机能水平，提高人体平衡能力和柔韧性，塑造优美的形体。

注意事项：

此姿势因对人体的柔韧性、平衡能力要求较高，练习时不要急于求成，否则易造成肌肉、韧带拉伤。练习分阶段进行。第一阶段，只抬小腿（图3-131），待轻松掌握后再进行第二阶段，稍后抬起大腿，两臂前后平行（图3-132），待轻松掌握上述练习后再完成标准动作。

图3-131　简化动作1　　　　　　图3-132　简化动作2

3. 半月式

半月式因此姿势形状似半月故得此名(图3-133)。

图3-133 固定姿势

动作方法:

由两腿开立开始。躯干向右侧弯曲,右手触地。手继续右移,撑于右脚约一步远处。同时曲右膝,左手掌放在左髋上,保持这一姿势,自然呼吸两次。肩、胸尽量展开,头部保持不动。左脚抬离地面,同时慢慢伸直右腿,左臂上举,头左转,眼向上看。保持这一姿势段不变(图3-134)。还原后,再进行反方向练习。

(1)

(2)

(3)　　　　　　　　　　　　　　　　　(4)

图 3 - 134　连续动作

呼吸配合：

躯干侧屈手触地时——呼气，保持姿势时——自然呼吸，肩、胸、髋展开时——吸气，腿慢慢抬起时——呼气，保持姿势时——自然呼吸，肢体下落时——呼气。

意念引导：

练习在意念引导下进行，当形成半月式姿势时，要感到支撑腿非常有力、稳定，上体和抬起腿充分伸展并形成半月状。

锻炼功效：

提高人体的平衡能力，消减腰部的多余脂肪，增强腰、髋、腿部肌肉的力量，有助于消化系统的健康。

注意事项：

此练习具有一定的强度，身体虚弱人慎选。对于感到难度大的人，最初练习时，可靠墙进行，以降低难度，待掌握方法后，再独立完成整个练习。

4. 鹰式

由于这一姿势像鹰的站立姿势,故得此名(图 3 - 135)。

正面　　　　　　　　　　　　　侧面

图 3 - 135　固定姿势

动作方法:

由山式开始。两腿微屈,右屈腿后抬至左小腿外侧,勾住左小腿下部。手臂弯曲,前臂和双手向上,肘关节位于与肩同高的位置,右臂在左臂前上方交叉,右手再绕至左手后相合。上体挺拔,保持这一姿势(图 3 - 136)。还原后,再进行反方向练习。

(1)　　　　　　(2)　　　　　　(3)　　　　　　(4)

图 3 - 136　连续动作

呼吸配合：

抬起肢体时——吸气，保持姿势时——自然呼吸，肢体落下时——呼气。

意念引导：

意念集中在保持身体挺直，感到头与支撑脚的相对伸展、用力。

锻炼功效：

对腿部、手臂、肩部非常有益。增强腿部、手臂、肩部的弹性。它是发展人体平衡能力和协调性的一个很好的练习方法。

注意事项：

此姿势对踝、膝、手臂的柔韧性提出了较高的要求，当身体难以达到要求时不要勉强，以免拉伤肌肉、韧带，可根据自己的实际情况，酌情进行练习。

六、倒置姿势瑜伽

瑜伽的一项重要姿势就是倒置，通过倒置体位，可巧妙抵抗身体的重力，延缓衰老的进程，增进健康，延长寿命。

1. 犁式

犁式是瑜伽姿势练习中典型倒置姿势练习方法，因外形像耕地的犁而得此名（图3-137）。

图3-137　固定姿势

动作方法：

仰卧开始，举腿绷脚尖，两腿向头上方伸，带动髋部离开地面，当身体重心超过重心后，两腿分开，两脚有控制的着地。两臂始终斜下举置于体侧，掌心向下扒地，起着辅助身体平衡的作用，保持这一姿势。还原。此动作可反复练习（图3-138）。

图 3 - 138　连续动作

呼吸配合：

腿向上举起时——吸气，腿向下落时——呼气，保持姿势时——自然呼吸。

意念引导：

在意念引导下进行练习。形成犁式时，感受由颈部、肩部、背部、腰部到腿部的牵拉与放松。体会整个脊柱的充分伸展，体验大脑因血流量的增加而倍感清醒的状态。

锻炼功效：

因将头部倒置，大脑能够得到大量的血液供应，从而使大脑获得充足的养分与能量供应。调整甲状腺机能，缓解脊椎的张力和疾病症状。拉伸腿后侧肌群，放松背部、颈部、肩部肌肉。收缩腹部，从而挤压、按摩了腹腔内脏器官，有助于提高腹腔内器官的健康水平。能改善双腿、臀部及背部肌肉的血循环状态。

注意事项：

对于年纪较大、体质较弱和患有心脑疾病、颈腰椎有伤、坐骨神经痛者，慎选此练习。对于初次尝试体位倒置的练习者，应从简单练习开始（图3-139）。当腿部难以伸直时可屈腿着地，以免肌肉韧带的拉伤。如感到颈部承重过度时，要及时调节身体重心，多让肩背部承受重量，以免颈椎受伤。当练习水平提高后，可尝试着犁式的变换练习（图3-140），以增强练习的兴趣与效果。

图 3 - 139　倒置简化姿势

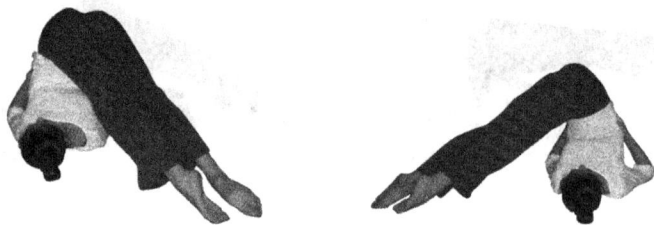

图 3 - 140　变化动作

2. 卧角式

卧角式是犁式的另一种变换方式（图 3 - 141）。

图 3 - 141　固定姿势

动作方法：

仰卧开始，双腿并拢，两臂斜下举。两腿慢慢向头后举，两脚趾慢慢着地。两脚尽量分开，同侧手抓同侧脚掌。臀部尽量向上向后下方用力，背部尽量向上顶，防止身体重心落回（图 3 - 142）。

图 3-142　连续动作

呼吸配合：

腿向上举起时——吸气，腿向下落地时——呼气，保持姿势时——自然呼吸。

意念引导：

在意念引导下体验臀部向上向后用力，背部尽量上顶的感觉，体验大脑因血流量增加而感受的清醒。

锻炼功效：

此姿势是在犁式的变形，所以具有梨式锻炼功效，突出强化肩、臂、腿部的肌肉与韧带的伸展。

注意事项：

除同犁式相同外，还应注意臀、腰、背尽量向上向后的伸展，保持重心稳定。

3. 肩肘倒立式

这一姿势是由肩肘支撑的倒置姿势,故得此名(图3-143)。

图 3-143　固定姿势

动作方法:

仰卧开始,两腿屈膝,全脚着地。两腿屈膝收举。抬臀,屈膝举腿,双手托腰,两肘支撑,下颚尽量贴紧胸部,头、颈、肩、肘同时支撑身体,保持这一姿势。两腿向上伸直,保持这一姿势。双手支撑背部,缓慢还原(图3-144)。

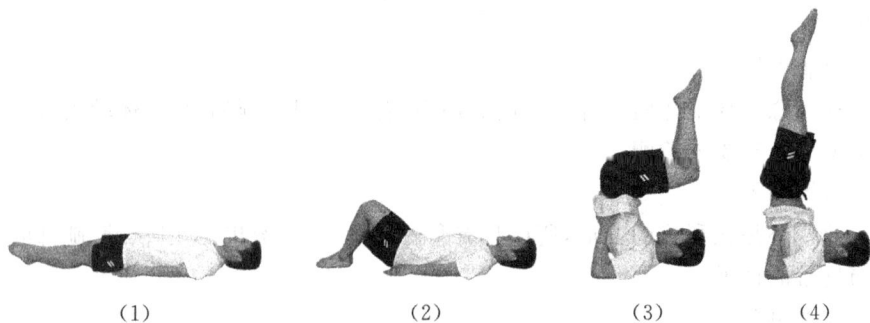

（1）　　　　　　　　（2）　　　　　　（3）　　　　（4）

图 3-144　连续动作

呼吸配合:

仰卧屈膝时——呼气,保持姿势时——自然呼吸,臀部抬起肩肘支撑时——呼气,保持姿势时——自然呼吸,腿部伸直时——呼气,保持姿势时——自然呼吸,还原时——呼气。

意念引导：

意念集中在脚的上伸、腿的绷直、臀腹的收紧、背部的上伸、下颚的紧锁和肩肘的支撑上。

锻炼功效：

肩肘倒立式是瑜伽中最重要的姿势之一，对人体的内分泌系统有很好的调解作用。由于人体呈倒置姿势，使脑部血流量增加，脑部的氧供应量增强，从而提高了脑细胞的活力和脑血管壁的弹性与抗压能力。肩肘支撑，形成了收下颌的状态，对甲状腺和甲状旁腺都刺激作用。人体倒置可克服或缓解因长期站立而带来的静脉曲张等不适，也有利于心脏的回心血流量的增加，有利于心脏的健康。肩肘倒立式还有助于释放肠道中的气体，具有排毒养颜的作用。总之，肩倒立作为瑜伽中的经典姿势，对人体健康具有重要的作用。

注意事项：

高血压患者慎做此练习。由于肩肘倒立，具有一定的难度，练习时不要急于求成，可分步骤完成。尝试先完成一半，即到屈腿为止（图 3-145），或允许腹部微收（图 3-146），也可借助墙完成动作（图 3-147）。

图 3-145　简化肩倒立 1　　　图 3-146　简化肩倒立 2

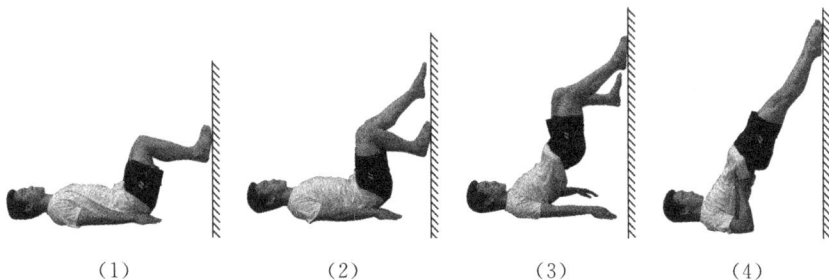

（1）　　　　　（2）　　　　　（3）　　　　　（4）

图 3-147　简化肩倒立

第四篇　瑜伽冥想篇

一、瑜伽冥想的功效

生活在现代社会的人们,由于工作和生活压力的增加,会使人产生紧张、焦虑、烦躁、失眠等状况。人体若当长期处于紧张、压抑环境中,人体的荷尔蒙分泌异常、免疫力降低。缓解压力、释放不良情绪、获得内心平静是现代人的需求。瑜伽冥想练习是缓解压力、获得内心平和的良好方法。

(一)可以调节身体状态

瑜伽冥想的冥想是通过想象头脑中的已有表象并进行思维加工,形成新形象的过程,是一种高级的认识活动,也是一种特殊的思维形式。想象的材料来源是表象,而表象则来源于实际生活和过去经验。良好的想象对机体的生理活动具有调节作用。想象能改变人体的身体机能,如通过想象可以调节心率、体温,可以改变情绪,升华情感,调节身体状态。

(二)可以提高注意力

瑜伽冥想练习要求练习者专注自己的身体、呼吸、意识等,感知生命每一瞬间的变化,通过专注于自身的感受,记住自己最理想的状态,让自我沉浸这一状态中,体验心情平和、舒畅的感觉。进行瑜伽冥想练习,不仅使您获得内心的平和与安宁,还可以健脑、强身。

(三)可以提高免疫力

研究表明,进行利导思维时,人的大脑所分泌的"内啡呔",不仅能改善大脑机能状态,保持脑细胞的活力,而且还能使人产生愉快的感觉,增强免疫功能,提高防病和自愈的能力。瑜伽冥想练习就是引导人思维的训练,可以使人产生愉快的情绪。冥想训练可以使大脑放松程度增加,焦虑减少,从而提高人体的免疫功能。

(四)可以延缓衰老

当人体达到深入冥想状态时,全身都呈放松状态,心跳、呼吸明显减慢,机体代谢随之降低,耗氧量降低到最低水平,所以说经常进行冥想练习是一种延缓衰老的良好方法。

(五) 可以提高心理健康水平

瑜伽冥想练习最大效果是找回了自我,获得内心的平和,使得身体和精神得到幸福和快乐。在瑜伽的发源地印度,人们总是在早晨和傍晚时分,到河内清洁身体,然后向着太阳坐下,静静的进入冥想。体验融入大自然赋予的快乐与幸福。在欧美等国家也有很多人运用冥想来调节自己的心情,促进精神健康。

二、瑜伽冥想的种类

瑜伽冥想一般可分为:语音冥想、意念冥想、呼吸冥想、移动冥想等。

(一) 语音冥想

瑜伽语音冥想又称曼特拉冥想,是将注意力集中在瑜伽导语上,使人的思绪从忧虑、欲念、精神负担中解脱出来的一种瑜伽练习方法。

(二) 呼吸冥想

瑜伽呼吸冥想是通过想象气体在鼻孔中呼出呼入,或想象呼吸时腹部的一鼓一息的感觉,将意念专注于呼吸的一种瑜伽练习方法。

(三) 意念冥想

瑜伽意念冥想是通过把注意力集中在对美好景色、事物的想象中,通过对美好事物的追求,调节心身,缓解压力的一种瑜伽练习方法。

(四) 移动冥想

瑜伽移动冥想是将注意力放在身体的某一部位上,随着运动的进行产生移动冥想的一种瑜伽练习方法。姿势练习就属于移动冥想练习,人们可以沉浸在瑜伽姿势的体验中,去感受身心的放松。

三、瑜伽脉轮与冥想

传统瑜伽认为,人体内有无数的精细神经脉,亦称经络。经络是一种能量运输的通道,其中最重要的有三条:中脉、左脉、右脉,中脉是重中之重。中脉位于人体中轴,在中脉两侧另有左、右两脉。中脉上还有 7 个重要能量源——轮穴(图 4－1),自下而上为根轮(红色)、生殖轮(橙色)、脐轮(黄色)、心轮(绿色)、喉轮(蓝色)、眉心轮(青色)和顶轮(紫色),并与自然界的七色光——对应。

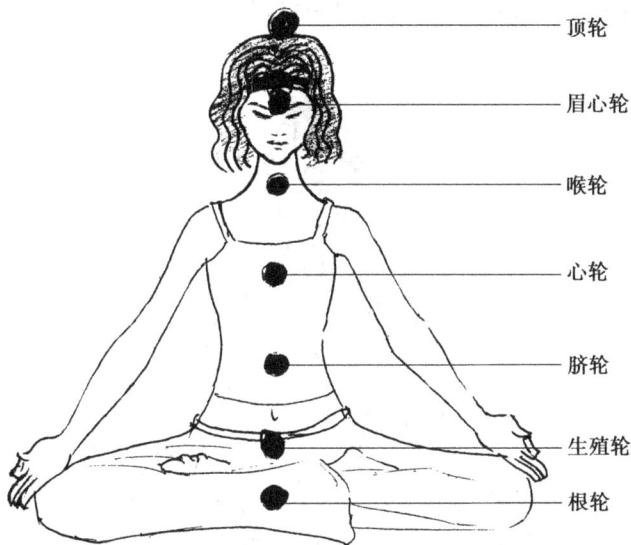

顶轮

眉心轮

喉轮

心轮

脐轮

生殖轮

根轮

图 4－1　瑜伽七轮

　　现代科学研究表明颜色对人情绪和心理的影响是不可低估的。如红色有助于促进血液循环,身处红色环境就容易让人产生兴奋。橙色会令人感到欢畅快乐,对稳定情绪效果极佳。黄色可强化神经系统,促进新陈代谢。绿色有助于排毒、消炎。蓝色能舒缓神经及肌肉紧张、镇痛,当人们处在蓝色环境时会感觉安定。黑色让人感觉比较庄严。紫色对淋巴系统有极佳治疗效果等。在运用瑜伽七轮进行冥想时也是运用各轮穴对应的颜色,结合色彩对人体心理及情绪方面的影响,通过冥想训练对人的身体、心理进行调节。

四、根轮的冥想与调理

　　根轮又称海底轮或纯真轮,是人体整个能量系统的根本,具有生存的能力(图 4－2)。

(一) 基本概念

　　(1) 位置:位于脊椎骨底部会阴处。

（2）神经支配：坐骨神经丛。

（3）腺体分布：主管人体性腺功能。

（4）支配器官及功能：支配人体脊柱、肾脏、腿、脚、直肠和免疫系统，控制排泄系统和生殖器官，承担着臀到脚的协调运动。

根轮

图 4 - 2　根轮位置图

（二）静态冥想与调理

采用坐姿或仰卧位进行调整呼吸。

（1）想象在根轮处有一股温暖的气息在身体中流动，感受着安全、安定和温暖，自己对生命充满着活力，对生活充满信心。

（2）想象根轮部位的血液循环良好，坐骨神经传导通畅，下肢肌肉得到充分放松，消除腿部的疲劳与肿胀感。

（3）想象生活的快乐，相互关爱和谐。

（三）动态冥想与调理

（1）站姿感觉根轮：手扶盆腔，感觉盆腔用力向下，体验"根轮"与大地相连的感觉,心态平稳,姿势稳固。

动作方法 1:

由两脚开立开始。两手扶腰,拇指向前,腰腹收紧,尾骨、骶骨向下用力,感到盆腔稳固,身体与大地连接。保持这一姿势,深呼吸 30 秒钟(图 4-3)。

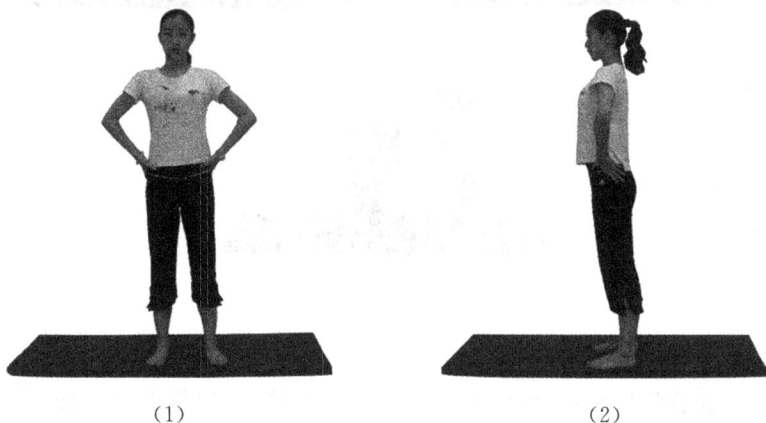

(1)　　　　　　　　　　　　(2)

图 4-3　站立姿势 1

动作方法 2:

由两脚分立开始。一手前扶下腹部,一手后扶骶骨部,腰腹收紧的同时感觉尾骨、骶骨向下用力。体会身体与大地连接。保持这一姿势,深呼吸 30 秒钟(图 4-4)。

(2)猫姿感觉根轮:两手与肩同宽,两膝与髋同宽,肩部放松,四肢支撑成猫式。感觉根部位置。呼气,弓背,收下腹,耻骨、尾骨内收,肩上顶,颈部放松。注意力集中于骨盆的运动。再吸气,抬头、塌腰、翘臀,耻骨、尾骨尽力后伸。通过腰、骨盆的收缩与伸展运动,配合呼吸感受根轮、调整根轮(图 4-5)。

(1)　　　　　　　　　　　　(2)

图 4-4　站立姿势 2

(1)　　　　　　　　　　　　　　　　(2)

(3)

图 4 - 5　猫式

（3）卧姿感觉根轮：由俯卧开始。两手放于脸下，感觉全身放松，身体重量放在腰腹部，耻骨处有轻轻漂浮的感觉。呼气，腹部肌肉稍收紧上提，尾骨、骶骨随之向地面下沉，并向下肢传递。俯卧姿势有利于感受根部的位置，并保持腰部的自然曲线（图 4 - 6）。

(1)　　　　　　　　　　　　　　　　(2)

图 4 - 6　俯卧

五、生殖轮的冥想与调理

生殖轮又称腹轮、真知轮、水轮。与快乐、性欲、享乐、亲情等情感相关。

（一）基本概念

（1）位置：位于骨盆的耻骨处（图 4 - 7）。

（2）神经支配：主动脉腹腔神经丛。

（3）支配器官及功能：与生殖器、膀胱、肾脏等器官相关。掌管脾脏、胰脏和肝脏下部。主要功能与消化、性功能有关。

图 4 - 7　生殖轮位置图

（二）静态冥想与调理

采用坐姿或仰卧姿势调整呼吸。

（1）想象生殖轮的位置，有一种有益能量向上流动，温暖下腹部，使全身充满力量，带给人以愉悦、幸福、富有的感觉，享受生命中一切美好的事物。

（2）感受小腹部充满着温暖，生殖器官、消化器官轻轻蠕动，血液循环良好，胃肠蠕动正常，臀腹的肌肉收缩，一切不良感觉在渐渐消失。

（三）动态冥想与调理

生殖轮作为身心能量中心，是身体发力的场所。

（1）扭转式：有仰卧开始。右腿屈，左手抱右膝，颈部放松，左腿伸直抬至离地面 10 厘米。右手抱头（呼气）。上体向左上抬起；上体进一步左转，腹部用力上体尽力上抬并使上体尽量所成近似于圆形（呼气）。还原（吸气）。再进行另一侧练习（图 4 - 8）。

（2）英雄式：由前后开立姿势开始。右脚在前，两手扶腰，骨盆正前。吸气时腰背向上挺拔，呼气时腰慢慢下沉，右膝弯曲。再吸气时，两臂向上，两肩放松，

图 4-8 扭转

保持这一姿势一分钟(图 4-9)。还原,换腿练习。

(3)手扶式:由坐姿开始。两手相叠,手心扶于下腹部,感到下腹部的温度升高,通过手扶下腹部温暖生殖轮(图 4-10)。

(1)   (2)

(3)

图 4-9 英雄式

图 4 - 10　手扶式

六、脐轮的冥想与调理

脐轮又称正道轮、日轮。它控制着人的意志力和耐力。

脐轮

图 4 - 11　脐轮位置图

（一）基本概念

（1）位置：位于腹部中央肚脐的地方（图4－11）。

（2）神经支配：太阳神经丛。

（3）腺体分布：内分泌系统的肾上腺和胰腺。

（4）支配器官及功能：上腹部、肝、胆、脾、胰脏、肾上腺、小肠、胃肠的上部等。

（二）静态冥想与调理

在坐姿或仰卧姿势基础上调整呼吸。

（1）想象在脐轮处有似火焰般的热量，使太阳神经丛恢复能量。这种来自内在的能量，可以使人应付来自生活的种种挑战，并具有坚强的意志力。

（2）想象自己像树干一样挺拔、有力。

（3）感觉腹部轻微的活动，肝、脾、胃等器官系统活动正常，身体感觉舒适。

（三）动态冥想与调理

脐轮于第4～5腰椎的部位，位于身体的承上启下的部位，起着连接的作用。

（1）俯卧式：由俯卧开始。上体稍抬，用两肘撑地。耻骨向地下用力，腰部感觉上浮。上体向斜上伸展，肘向后用力，腰腹用力伸展，感受根与干的连接（图4－12）。

图4－12 俯卧

（2）前倾式：两脚与腰同宽开立，两手扶腰，拇指朝前，肩放松。两膝微屈，腰前下沉，上体前倾，臀部和肋骨尽力向相反的方向伸展，尽可能使背部与地面平行。此姿势停30秒，深呼吸。体会腰部伸展的感觉（图4－13）。

图 4 - 13　前倾式

（3）三角式：两脚尽力分开，两手扶腰。脊柱挺直，收腹，身体向左侧屈。一手扶小腹，一手扶臀部，感觉两手逐渐靠拢，脊柱尽量伸展，肩部放松，颈部沿着脊柱的延长线伸展（图 4 - 14）。

图 4 - 14　三角式

七、心轮的冥想与调理

心轮又称仁爱轮，是情绪的根源，与人体呼吸和心脏血液循环相关，影响人的七情。

（一）基本概念

（1）位置：位于胸骨的后面（图 4 - 15）。

（2）神经支配：心脏神经丛。

（3）腺体分布：胸腺。

（4）支配器官：支配着心脏和呼吸系统及胸部等器官。

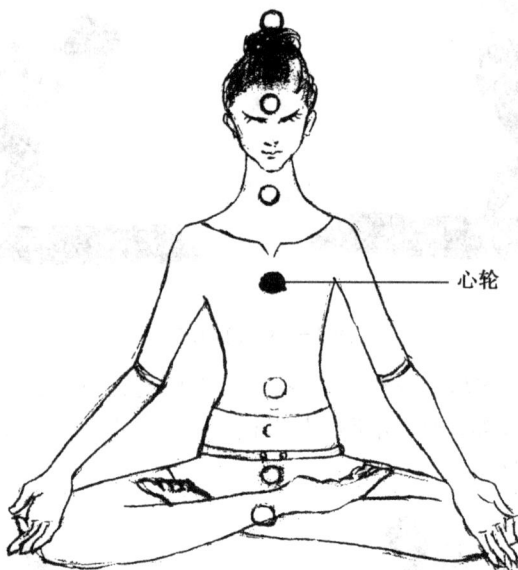

图 4-15 心轮位置图

（二）静态冥想与调理

在坐姿或仰卧姿势基础上调整呼吸。

（1）想象绿色的热带树木，枝繁叶茂，自由成长。天空晴空万里，自己的内心非常开阔、爽快。毫无压抑、毫无束缚，在绿色、开阔、轻松的环境中进行深呼吸运动。

（2）想象一朵莲花，出污泥而不染，美丽的花瓣慢慢的打开，随着莲花的开放，心胸变得非常宽广。

（3）感觉两脚向树根一样插进泥土，腰部像树干一样向上直立，胸部高高挺起，悠闲而缓慢的进行深呼吸，感觉心跳有力而缓慢，呼吸通畅而轻松，精力旺盛并充沛。

（三）动态冥想与调理

（1）坐姿合十式：由盘腿坐开始，两手轻轻的合十，拇指缓慢贴近胸骨轻轻按压，体会轻松的感受（图 4-16）。

图 4 - 16   坐姿合掌

（2）猫式：由四肢跪撑开始。抬头伸展背部，展胸。回原位后，尽量拱背，近似成圆形，胸部尽量内含。反复进行数次（图 4 - 17）。

图 4 - 17   猫式

（3）伸臂扩胸式：由站立开始。两手合十，用拇指轻触胸骨。两手向两侧伸展，胸部被充分展开，注意力集中在手臂和肩胛骨的伸展和旋转上，两臂回位。反复进行十次（图 4 - 18）。

图 4-18   伸展扩胸式

八、喉轮的冥想与调理

喉轮又称成大同轮,此轮与声音、听觉相连。

图 4-19   喉轮位置图

（一）基本概念

（1）位置：位于咽喉后面（图4-19）。

（2）神经支配：颈部神经丛。

（3）腺体分布：甲状腺与甲状旁腺。

（4）支配器官与功能：颈、耳、鼻、喉、面、牙、舌、口、颚及眼前部等。

（二）静态冥想与调理

在坐姿或仰卧姿势基础上调整呼吸。

（1）想象自己春天漫步在郊外的小路上，温暖的阳光洒在身上，感觉到身体暖融融的。春风扑面，小草清香，小溪从身边潺潺流过，带来清新愉快的感觉。

（2）想象在夏天里，安静坐在海边的沙滩上，清凉的海风扑面而来，身体非常舒适，脊柱充分挺拔，感到精力充沛，能量无穷。

（3）把注意力移至颈部，想象白云在耳中缭绕，在舌上滑动，感觉颈部柔软、自由和放松。

（三）动态冥想与调理

（1）桥式：由仰卧开始。两腿略分开，屈膝，足跟尽量靠近臀部，两臂置于体侧，手心向下。两脚用力撑地，膝关节上顶，臀部离地上抬，胸部挺起，颈部缩紧，两手臀下相交，向脚方向伸展。保持这一姿势，自然呼吸30秒（图4-20）。

图4-20　桥式

　　（2）颈部扭转式：由盘腿坐开始。膝关节尽量贴地，一手扶地，一手扶膝，向扶地侧做体侧屈，臀部不要离地，脊柱不要弯曲。在此基础上，上体和脸部后转，保持这一姿势，深呼吸 30～60 秒（图 4-21）。

图 4-21　颈部扭转式

九、眉心轮的冥想与调理

　　眉心轮又称额轮、宽恕轮、第三眼。

（一）基本概念

　　（1）位置：位于前额中心（图 4-22）。

　　（2）神经支配：脑和中枢神经系统、视神经。

　　（3）腺体分布：松果腺和脑下垂体

　　（4）支配身体器官及功能：小脑、下丘脑神经系统、眼、耳、鼻、松果体等。

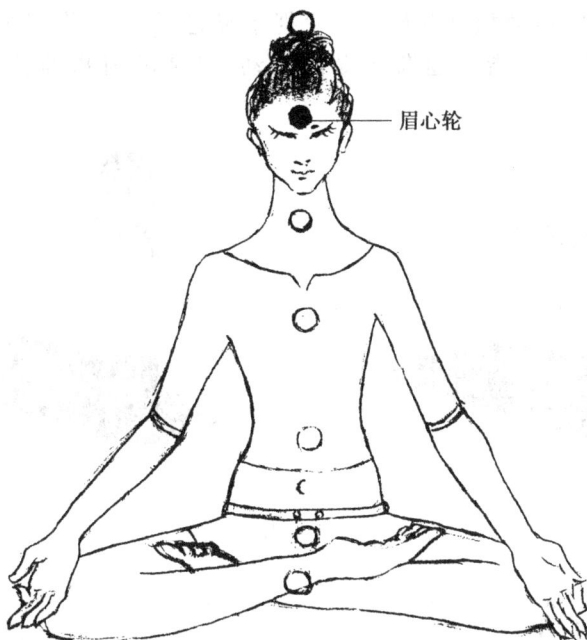

图 4-22　眉心轮位置图

（二）静态冥想与调理

以最舒适的方式躺好或坐好后,做深呼吸。

（1）想象在两眼之间有一股能量充满全身,寻求顿悟、提升意识。

（2）想象在朦胧的夜晚,月光洒向大地,它温柔地抚摩你的身体,安抚着你的心灵,用心去感受世间的一切,感谢大自然赋予人类的一切。

（三）动态冥想与调理

通过眼睛的转动调理眉心轮。

动作方法 1:由放松坐开始。两眼向上看 30 秒,再向下看 30 秒,接着再向左、右各看 30 秒左右(图 4-23)。

图 4-23　动作方法 1

动作方法 2：由放松坐开始。一手拇指竖起，其余四指弯曲，拇指尽量向远伸，眼看拇指。拇指再逐渐向提前移动，眼睛随拇指的移动而移动（图 4 - 24）。

图 4 - 24　动作方法 2

十、顶轮与冥想

顶轮又称自觉轮，是所有能量中心与三条脉络会合的地方。

（一）基本概念

(1) 位置：位于头顶（图 4 - 25）。

(2) 神经支配：脑和中枢神经系统。

(3) 腺体分布：脑垂体。

(4) 支配身体器官及功能：大脑等。

（二）静态冥想与调理

在坐姿或仰卧姿势基础上，调整呼吸。想象头顶的顶轮位置，发出一种有益的能量，从中脉流向根轮，直到全身充满能量。这种感受使人会变得开朗，更明事理。

顶轮

图 4-25　顶轮位置图

参考文献

1. 荒谷美枝子.健康ヨガ〔M〕.日本东京:PHP 研究所,2004.11

2. 福伊尔施泰恩,佩恩著;王丹丹等译.轻松瑜伽〔M〕.北京:机械工业出版社,2006.1

3. 帕谭佳里经文原著;瑞斯尼克博士经文英译及评注;嘉娜娃经文中译.图解瑜伽经〔M〕.西安:陕西师范大学出版社,2007.12

4. 桥本京子著;张军译.健康瑜伽〔M〕.北京:中国画报出版社,2005.1

5. 莉斯·拉克,蒂姆·古力特著;王彩菊译.瑜伽治病〔M〕.哈尔滨:黑龙江科学技术出版社,2007.5

6. 柏忠言,张惠兰编著.瑜伽〔M〕.北京:人民体育出版社,1986.7

7. ケン·ハラクマ.メンズ·ヨガ〔M〕.日本东京:PHP 研究所,2005.12

8. 艾扬格著;丁晋燕译.瑜伽之光〔M〕.北京:世界图书出版公司北京公司,2005.10

9. 番场一雄著;阎海译.亿万人瑜伽〔M〕.北京:人民体育出版社,1994.9

10. 绵本彰.ヨ-ガの奥義〔M〕.日本东京:講談社出版,2004.8

11. 绵本彰.Yogaではじめる溟想入门〔M〕.日本东京:新星出版社,2006.3

12. 黄露慧编著.生理瑜伽·百分魔体〔M〕.北京:人民体育出版社,2005.1